ぼうけん図書館

エルマーとゆく
100冊の冒険

編著
永岡 綾

ぼうけん図書館へ
ようこそ！

2

「最近、冒険してる？」
そういわれて思わず答えにつまったら、ぼうけん図書館へ。

ここは、古今東西の絵本や童話から、１００の冒険物語を集めた図書館です。
冒険といっても、勇ましい英雄譚《たん》ばかりじゃありません。
日常のなかにそっとある冒険、うっとりするほどうつくしい冒険、
それから、かっこわるい冒険や、へんてこりんな冒険も。
少々はみだしぎみの冒険まで、あれやこれやとそろえています。

気の向くままにパラパラめくり、「おや」と思った1冊をどうぞ。
物語にひたるあなたのそばを風がふわりと吹き抜けたなら、
それはたぶん、あの子が通りすぎたしるし。
そう、すべての冒険者の友達、エルマーが！

「ぼうけん図書館」の扉は、いつでも開かれています。
すべての子どもたちに、そして、かつて子どもだったすべての大人たちにも。

Sense of Adventure

1 ぼうけんは、すぐそこに

Sense of Adventure

2 ぼうけんは、あこがれ

Sense of Adventure

3 ぼうけんは、おもいやり

Sense of Adventure

4 ぼうけんは、むちゅう

Sense of Adventure

5 ぼうけんは、ぶきなどいらない

Sense of Adventure

6 ぼうけんは、うつくしい

Sense of Adventure

7 ぼうけんは、かっこわるくたっていい

Sense of Adventure

8 ぼうけんは、だれもしらない

Sense of Adventure

9 ぼうけんは、かんがえる

Sense of Adventure

10 ぼうけんは、たのしくなくちゃ

Sense of Adventure

1

ぼうけんは、すぐそこに

14

今日は
どんな
冒険にする?

チムは　ある日　森の中をあるいていました。
そして、なにか　おもしろいものは　ないかとおもって、
あっちやこっちを　のぞいてみました。

チム・ラビットのぼうけん

作　アリソン・アトリー
画　中川宗弥
訳　石井桃子
1967年　童心社

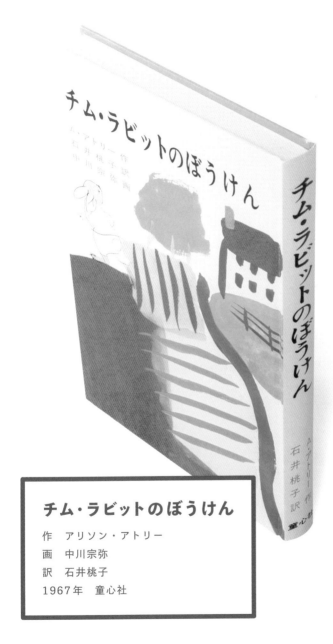

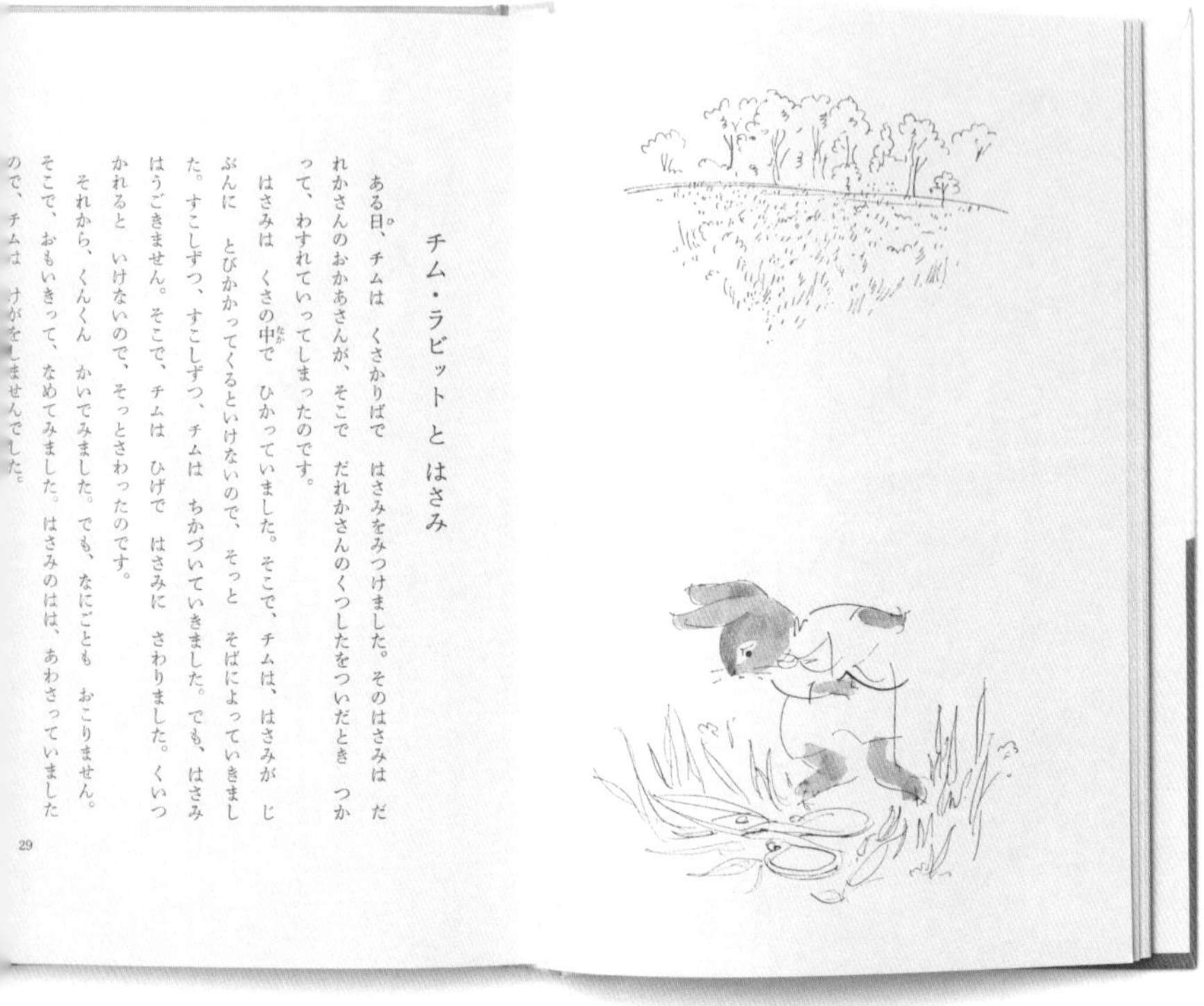
チム・ラビット と はさみ

ある日《ひ》、チムは　くさかりばで　はさみを　みつけました。そのはさみは　だれかさんのおかあさんが、そこで　だれかさんのくつしたをついだとき　つかって、わすれていってしまったのです。

はさみは　くさの中《なか》で　ひかっていました。そこで、チムは、はさみが　じぶんに　とびかかってくるといけないので、そっと　そばによっていきました。すこしずつ、すこしずつ、チムは　ちかづいていきました。でも、はさみはうごきません。そこで、チムは　ひげで　はさみに　さわりました。くいつかれると　いけないので、そっとさわったのです。

それから、くんくん　かいでみました。でも、なにごとも　おこりません。そこで、おもいきって、なめてみました。はさみのはは、あわさっていましたので、チムは　けがをしませんでした。

29

16

野うさぎのチムは、好奇心のかたまりみたいな子。ある日、草刈り場できらりと光るものを見つけたチムは、恐る恐る近づいて、くんくんにおいをかいで、うちへ持って帰りました。

お父さんによると、それは「はさみ」というものだそう。しゃりっしゃりっと刃を動かすと、土手の草でもたんぽぽでも、何でも切ることができる、素晴らしいものだといいます。

これを聞いたチムは、お父さんとお母さ

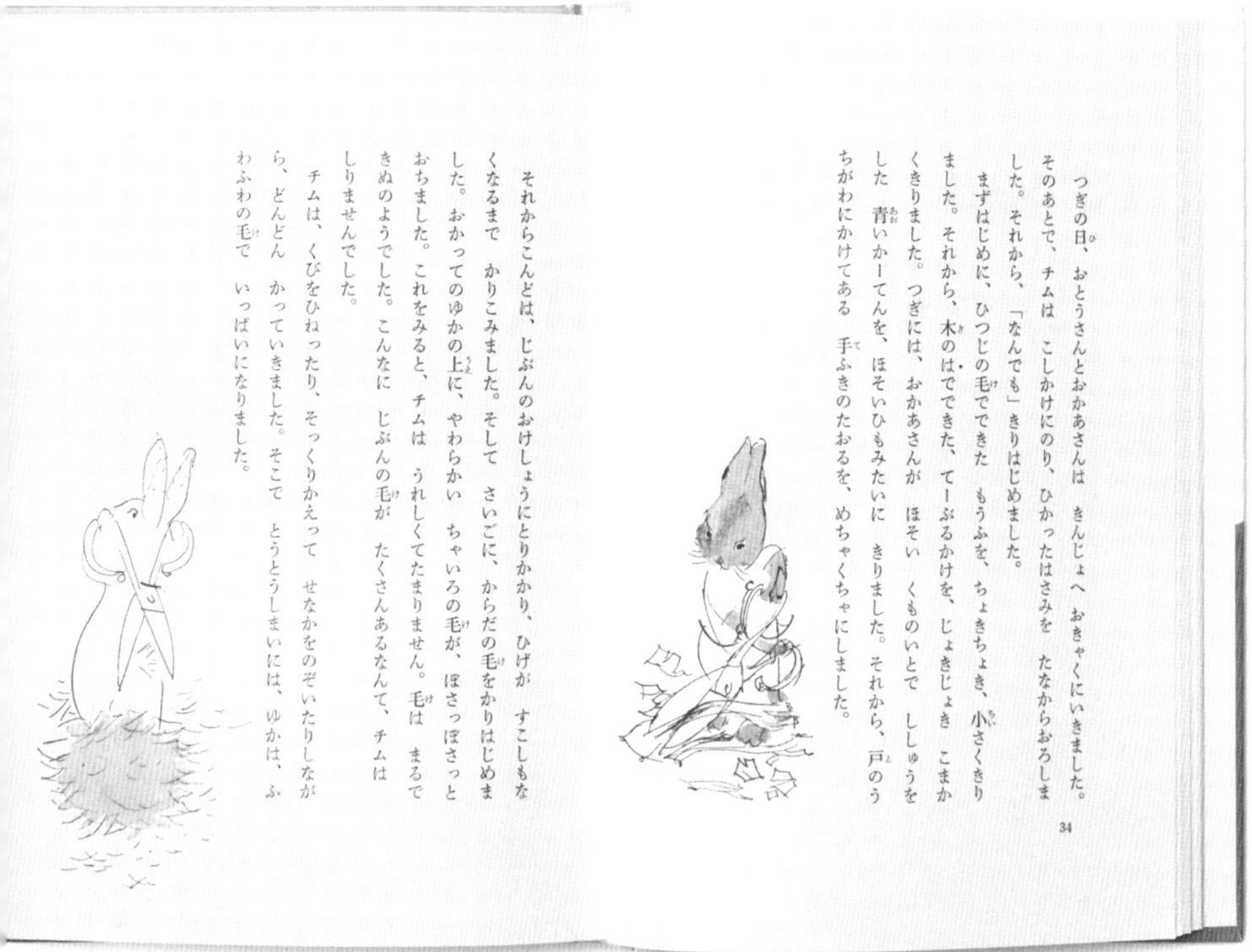
つぎの日《ひ》、 おとうさんとおかあさんは きんじょへ おきゃくにいきました。そのあとで、 チムは こしかけにのり、 ひかったはさみを たなからおろしました。 それから、「なんでも」 きりはじめました。
まずはじめに、 ひつじの毛《け》でできた もうふを、 ちょきちょき、 小《ちい》さくきりました。 それから、 木《き》のはでできた、 てーぶるかけを、 じょきじょき こまかくきりました。 つぎには、 おかあさんが ほそい くものいとで ししゅうをした 青《あお》いかーてんを、 ほそいひもみたいに きりました。 それから、 戸《と》のうちがわにかけてある 手《て》ふきのたおるを、 めちゃくちゃにしました。
34
それからこんどは、 じぶんのおけしょうにとりかかり、 ひげが すこしもなくなるまで かりこみました。 そして さいごに、 からだの毛《け》をかりはじめました。 おかってのゆかの上《うえ》に、 やわらかい ちゃいろの毛《け》が、 ぼさっぼさっとおちました。 これをみると、 チムは うれしくてたまりません。 毛《け》は まるできぬのようでした。 こんなに じぶんの毛《け》が たくさんあるなんて、 チムはしりませんでした。
チムは、 くびをひねったり、 そっくりかえって せなかをのぞいたりしながら、 どんどん かっていきました。 そこで とうとうしまいには、 ゆかは、 ふわふわの毛《け》で いっぱいになりました。

んが留守のあいだにはさみを取りだし、毛布をちょきちょき、カーテンをじょきじょき。だんだん調子がついてきて、しまいには、自分のひげも茶色のやわらかな毛も、みな刈ってしまいました。白ねずみのようになったチムに、お母さんですら、すぐには気づかなかったほど。

はさみひとつでこうですから、来る日も来る日も、チムは冒険に大忙しです。かかしが困っていれば放っちゃおけないし、ひなぎくが咲いたら踊りだしちゃう。小さなチム（どのくらい小さいかというと、きのこが雨傘になるくらい）には、どんなささやかなできごとも一大事なんです。

この世界に出会う――ただそれだけで、おもしろくってたまらない！　のどかな田園を舞台にくり広げられるチムのかわいらしい冒険譚は、そんなみずみずしい気持ちを思いださせてくれます。

おうちの　まえの　みちを　まっすぐ　いって
いなかみちを　まっすぐ　まっすぐ
いなかみちって　こわくない？

うらうらとした春の日、「ぼく」はおばあちゃんちへ行くことになりました。生まれてはじめてのひとり旅です（旅といっても、すぐ近くなんですけどね）。

おばあちゃんちまでは「まっすぐ まっすぐ」行けばいいと教わって、トコトコ歩きだしますが……。あらあら、道があるのに野原を突っきるの？　橋があるのに小川に入っていくの？　そう、「ぼく」は、何があろうと一直線に進むのです！　だって、「まっすぐ まっすぐ」ですからね。

野いちごをつまんだり、馬の親子に出くわしたり、田舎道のまわりにはたくさんの初体験が待っていました。歩いては立ち止まり、止まっては歩きだす「ぼく」。そのたびに胸がトクントクンと高鳴って、ちょっと怖いような、でも、それ以上にわくわくするような。言葉にならない冒険のよろこびが「ぼく」の小さな体いっぱいに広がります。あぁ、「はじめて」って、こんな感じ。

やがて、きれいな花々に囲まれたおうちが見えてきました。もしかして、おばあちゃんちかな？

ぼくはあるいた
まっすぐまっすぐ

作　マーガレット・ワイズ・ブラウン
文　坪井郁美
絵　林明子
1984年　ペンギン社

ぼくは、かみの　ぼうしを　かぶり、
あたらしい　らっぱを　もって、
もりへ、さんぽに　でかけました。

もりのなか
マリー・ホール・エッツ ぶん／え　まさき　るりこ やく

すると、おおきな　らいおんが、ひるねを　していました。
らいおんは、ぼくの　らっぱを　きいて、めを　さましました。

。ぞうは、はなを
たいこを　たたき、
さるは、おおきな　こえで　さけびながら、てを　たたきました。けれども
うさぎは、なんにも　いわないで、ぼくの　さんぽに　ついてきました。

ぼくの森は
ぼくの
隣に

もりのなか

文・絵　マリー・ホール・エッツ
訳　まさきるりこ
1963年　福音館書店

森へ散歩にでかけた「ぼく」。ラッパを吹くと、昼寝をしていた大きならいおんが目を覚まし、「ぼくもついていって いいかい?」と声をかけてきました。

しばらく行くと、水浴びをしていたぞうの子どもも「まっててくださぁい」といいながら身じたくをして、ついてきます。くまやかんがるー、さるやうさぎも次から次へとついてきて、「ぼく」の散歩はいつのまにやら大行列になりました。

散歩に飽きたらピクニックをしたり、ハンカチ落としをしたり、気の向くままに遊びます。モノクロームの森は何だか秘密めいていて、とても居心地がよさそうです。

さて、ちょうど遊び疲れたところに、お父さんが迎えにきましたよ。「いったい だれと はなしてたんだい?」——お父さんは、「ぼく」の心の深いところにあるこの森がしぼんでしまわないよう、気をつけながら話しかけてくれました。

だから、この森は、これきり消えてなくなったりしません。「ぼく」の隣で、静かに冒険のつづきを待っています。

もりへ、さ

ぼくは、らっぱを　ふきまし
ならし、おおきな　くまは、う
こうのとりは、くちばしを　な

やおやさんは　とっても　とおい。
おまけに、とっても　あぶない　みちなんだ。
ぼくと　いっしょに　くる？

お母さんにりんごを買ってくるようにいわれた「ぼく」は、八百屋さんを目指して大冒険へくりだします。何しろ、「ぼく」のうちの庭は世界一広くて、そう簡単に脱出できないんです。

森には火を吐くドラゴンが、岩山には危険なくまが潜んでいます。やっとのことで岩山を越えたら、そこは海。小さなボートで漕《こ》ぎだすと、今度は人喰いザメがこちらを狙っています。やれやれ、八百屋さんはなんて遠いんでしょう！

「ぼく」にとって、四方を塀に囲まれた庭は、絶好の冒険フィールドです。茂みはどこまでも深い森に、池は果てしなく広い海に。想像の力で無限に拡張し、幾層もの物語をたくわえます。

けれど、あれほど夢中で庭を駆けまわっていた「ぼく」は、八百屋さん（実は、すぐそこだったりして）でおつかいをすませると、帰りは庭に目もくれません。あっさり塀の外を歩いて、最短距離で友達の待つ小川へと向かいます。小さな冒険者は、いつだって次なるフィールドを求めているのでした。

22

庭は
無限の
フィールド

ぼくといっしょに

作　シャルロット・デマトーン

訳　野坂悦子

2020年　ブロンズ新社

これは　たんけんの　ちずだ。
よし、ジャングルへ　いこう。

24

誕生日に冒険を贈ろう

たんたのたんけん 改訂版

作　中川李枝子
絵　山脇百合子
1971年　Gakken

5歳の誕生日の朝、元気いっぱいの男の子「たんた」のもとへ、白い封筒が飛びこんできました。封を切ると、でてきたのは探検の地図！「こんな いいもの もらったの、ぼく、はじめて」と、たんた。すぐさま準備を整えて、はりきって出発します。

牛のしっぽのような川を越え、石ころだらけの山道を登り、目指すは「ライオンいわ」。すると、いわの上で、ひょうの子どものバリヒと鉢合わせしました。あの地図は、バリヒからの贈りものだったんです。

仲間になったふたりは、山をくだってジャングルへ。薄暗くて、草はぼうぼうで、太い木の根が地面をはいまわっています。歯を食いしばりながら進んだ先で、ふたりが見つけたのは――。

ここでちょうど、お昼になりました。誕生日のごちそうを食べに、おうちへ帰るとしましょう。朝から探検していたたんたですが、ずーっとおうちの近くにいたみたい。バリヒの地図が、いつもの場所を冒険の舞台に変えてくれたというわけです。それって、最高の誕生日プレゼント！

さくらほいくえんには、こわいものが　ふたつ　あります。
ひとつは　おしいれで、
もう　ひとつは、ねずみばあさんです。

　午後1時、保育園のお昼寝の時間です。なのに、さとしとあきらはミニカーの取り合いになって大騒ぎ。先生に叱られたふたりは、おしいれに入れられてしまいました。最初はへっちゃらだったふたりも、だんだん怖くなってきて……。

　そこへ現れたのは「ねずみばあさん」です。巨大なばあさんは、怪しげな杖を片手に、何千匹ものねずみを従えていました。恐ろしさのあまり震えるあきらに、さとしは「てだ、てを　つなごう」といいました。

　ケンカしていたはずのふたりは、汗でべとべとになったお互いの手をにぎって駆けだします。ここにはふたりを助けてくれる大人はいませんから、自分たちだけでどうにかしなくちゃなりません。

　暗いトンネルを抜け、うねる高速道路を走り、不気味な地下空間へと追いつめられたさとしとあきら。ふたりは、もとの世界へ戻れるでしょうか？

　それにしても、おしいれのなかにこんな世界があったとは！　世界って、本当はたくさんあるのかもしれませんね。

おしいれのぼうけん

作　古田足日　田畑精一

1974年　童心社

おしいれ
から
異世界

いつもの　みちなのに　なんか　へんだ。
はしっても　はしっても　がっこうに　たどりつけない。

28

7時47分、玄関を飛びだします。背中のランドセルをゆさゆさ揺らし、シャツの裾をはためかせ、朝日に照らされた道をゴウゴウと走る「ぼく」。このままじゃ、「がっ

少年よ、
全力で
駆けろ！

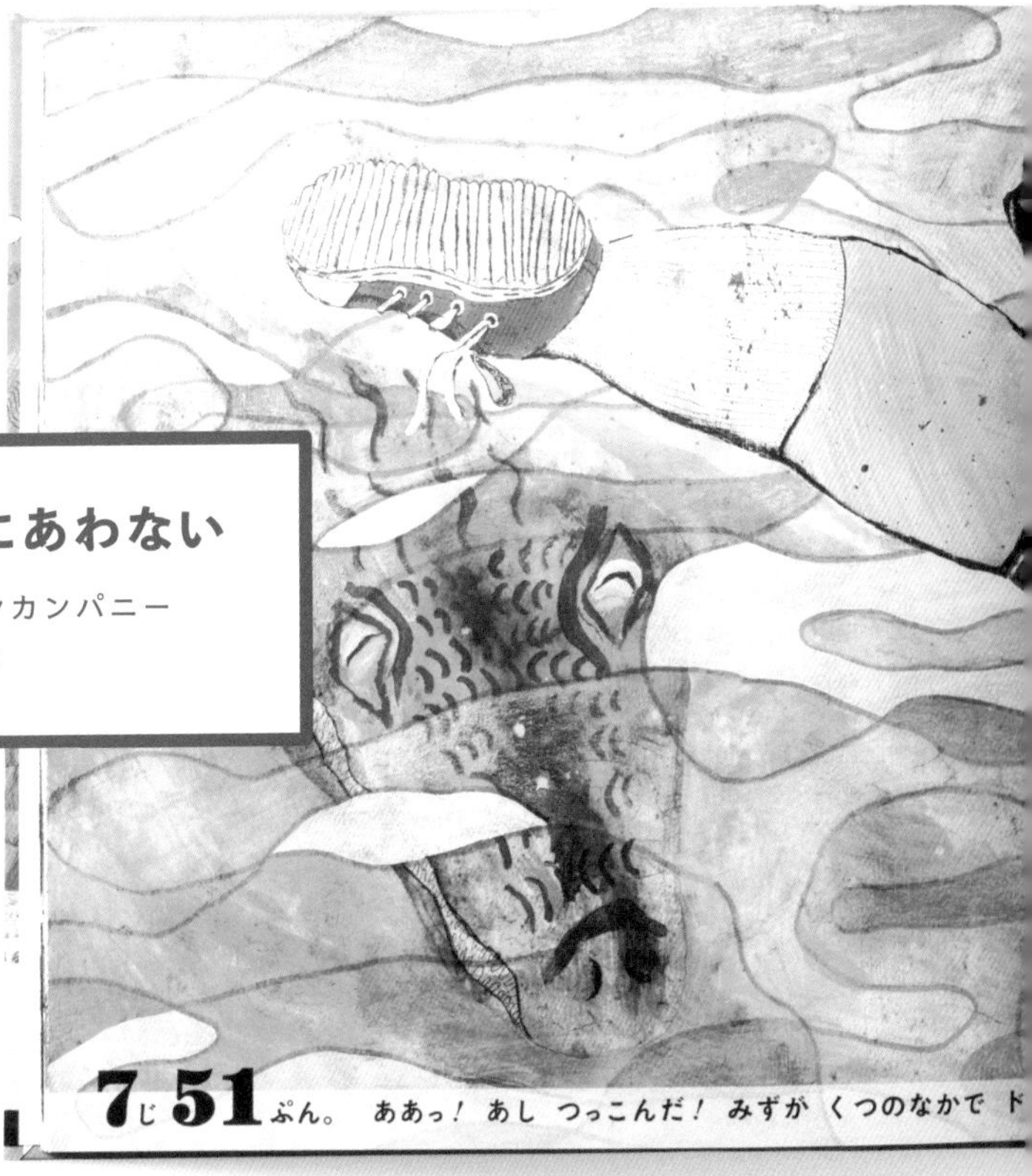
7じ51ぷん。　ああっ！ あし つっこんだ！ みずが くつのなかで ド

がっこうにまにあわない

作・絵　ザ・キャビンカンパニー
2022年　あかね書房

こうにまにあわない」んです！

7時48分、赤いスニーカーで疾駆。7時49分、走っても走っても学校に近づけないような気がして、おへその下がキュウとします。7時50分、こんな日にかぎって、人喰いワニがいる（かもしれない）大きな水たまりに遭遇——。

寝坊してしまった「ぼく」の学校までの道のりが、分刻みに描かれます。今日はどうしても8時までに着かなきゃならないのに、通りには犬がうじゃうじゃ、歩道橋はなぜかぐにゃぐにゃ。いつもの通学路が、どこもかしこも冒険だらけなんです。焦れば焦るほど、ぜんぜん辿りつかないあの感じ……わかるなあ。

さあ、残り2分になりました。開かずの踏切を渡った「ぼく」は、足を風車のようにして走ります。時計の針が8時を指すとき、彼は何を目にするでしょう!?

30

じぶんだけの作物をそだてて、じぶんだけの文明をつくるんだ！

「あの子ったら、かわいそう。いつもひとりだけ、はみだしてるわ」――ある晩、ウエズレーのお母さんがお父さんにいいました。これを盗み聞いたウエズレーは「そのとおりかもしれないな」とうなずきます。

彼自身、よくわかっていたんです。自分がまわりの子たちと違うってことを。みんなが好きなものを好きになれないし、みんなと同じ格好をしたいとも思わない。だから、いつもひとりきりでした。

とはいえ、当のウエズレーは、あっけらかんとしたものです。だって、彼にはやりたいことがいくらでもありましたから。盗み聞き装置をつくったり、いじめっ子の攻撃をかわす道具を発明したり、本を読んで知識を蓄えたり。周囲からどう思われようと、自分の心に正直に行動するウエズレーは、両親が嘆くような「かわいそう」な子なんかじゃありませんでした。

そんなウエズレーが思いついた夏休みの自由研究は、自分だけの「文明」をつくること！　彼は自宅の庭で、この型破りな研究に取りかかります。

まずは、土を耕すところから。すると、風に乗って運ばれてきた種が芽吹き、大輪の花を咲かせました。誰も見たことのないこの作物こそ、文明のかなめです。その実はそのまま食べても、ジュースにしてもおい

文明、
つくって
みちゃう？

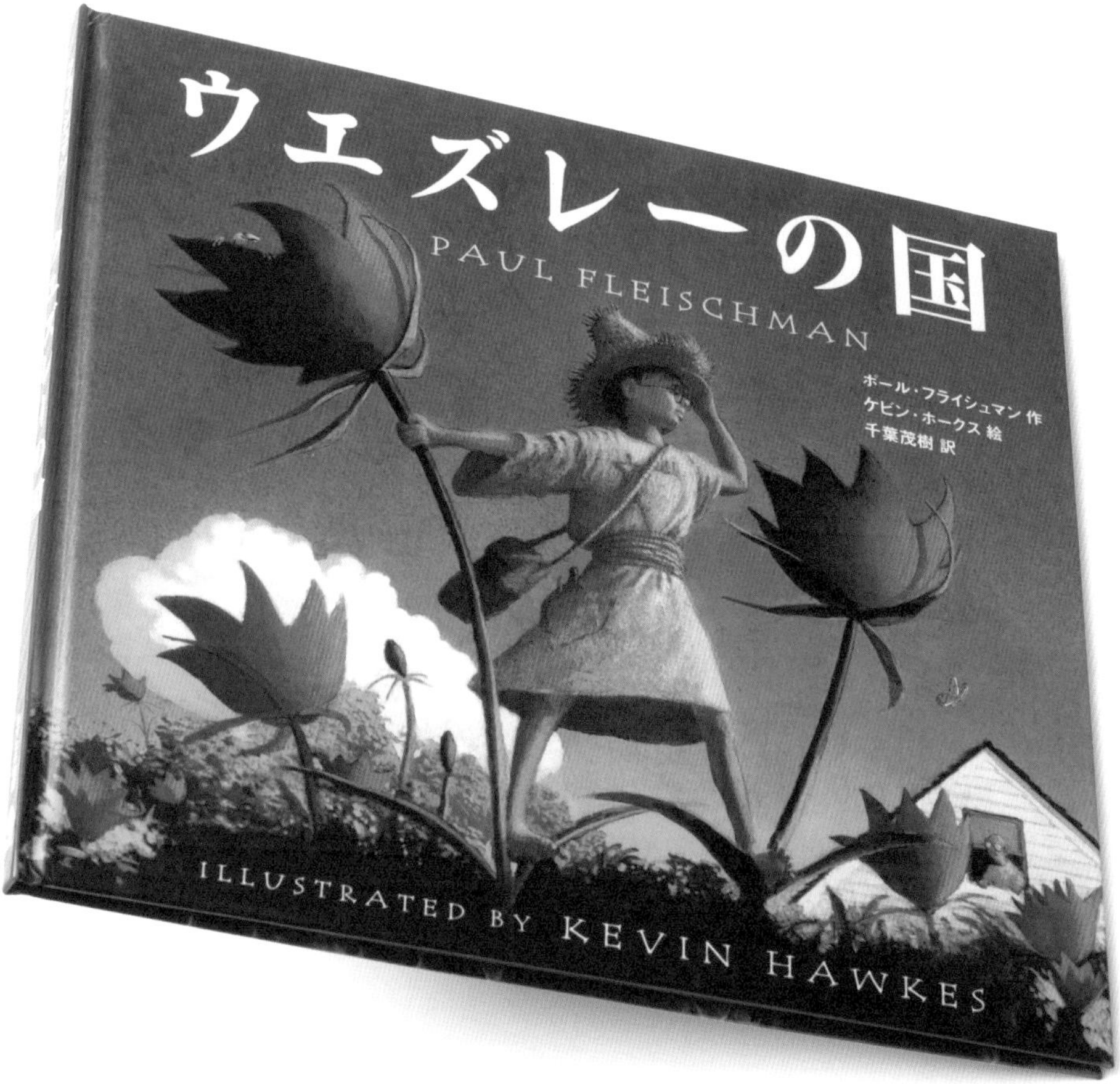

ウエズレーの国

作　ポール・フライシュマン
絵　ケビン・ホークス
訳　千葉茂樹
1999年　あすなろ書房

しくて、根っこもまた絶品でした。種を砕けば油がとれ、茎の繊維は服や帽子の材料になりました。さらにウエズレーは、作物を材料にして道具をつくり、オリジナルのゲームも考えだしました。

　庭はもはや、ウエズレーの国です。その名は「ウエズランディア」。あんまりおもしろそうだから、ウエズランディアには町の子どもたちが集まるようになりました（かつてのいじめっ子も！）。

ふとくそだった根《ね》っこの先《さき》は、
大《おお》きなイモのようだった。
ゆでても、やいても、フライにしても、
おいしいこと、このうえなし。
はっぱをちぎって、パラパラかけると、
とてもすてきなかおりがついた。

　ウエズレーの自由研究は、自宅の庭という身近で、しかもかぎられた場所を舞台に、途方もなく広がりました。どこからともなく運ばれてきた、あの種の正体は謎のままです。けれど、ウエズレーの飽くなき探究心がその養分になったことは、間違いないでしょう。

　まっさらなところから考え、工夫し、手を動かす。わたしたちのなかには、「創造」という冒険の種が潜んでいます。

32

やかて、実《み》がなった。
黄色の実《み》は、たんたん赤《あか》く色《いろ》づいた。
はんふんにきると、中《なか》はむらさき色《いろ》で
なんともいえない、いいかおり。
ひとくち食べると、とろりとろけて、
モモとイチゴとリンゴがまざったような、
あまいあじが、くちいっぱいにひろがった。
ウエズレ
このくだ
コーンフ
かたいか
じぶんで
一日中《いちにちじゅう》、

どんな時でも、ブランは耳をピンとたて、いっしょうけんめい走りました。

音楽がはじまると、ブランは背中に仲よしの男の子を乗せ、円を描いて走ります。すると、まわりの景色はすうっと色の線になり、空を飛んでいるかのよう。そう、ブランはメリーゴーラウンドの木馬です。

やがて、ブランは隣の国の遊園地へ売られることになりました。その遊園地が閉園になると、今度は村を転々とします。

女の子にリボンをつけてもらったり、花嫁さんを乗せたりしました。乱暴な子どもに傷をつけられたり、雨風にさらされてペンキがはがれたりもしました。どんなときもピンと耳を立て、前を向くブランのまわりを、人が、景色が、流れていきます。うれしいことも悲しいことも、すべてが等しく過ぎていきます。

１００年をゆうに超えるであろう木馬の旅の定点描写を眺めていると、木馬が時間のなかを進んでいるのか、それとも時間のほうが木馬のまわりを進んでいるのか、わからなくなってきます。

切れ目なくつづく時間とともに、今、あるということ。それだけで、わたしたちはもう、冒険のただなかにいるのかもしれません。

たびする木馬

作　牡丹靖佳

2022年　アリス館

34

白い木馬の
100 年の
旅

36

わたし、わたしね、あきべやの衣装だんすを通ってきましたの。

冒険は、主人公が望むと望まざるとにかかわらず、突然はじまることもあります。ルーシィの場合も、そうでした。

ピーター、スーザン、エドマンド、ルーシィの4きょうだいは、戦時下のロンドンを離れ、片田舎の屋敷に疎開しています。ある日、広い屋敷を探検していたときのこと。末っ子ルーシィが大きな衣装だんすに忍びこみ、奥へ奥へと分け入ると……いつしか雪の降る森に立っていました。そこは、こちら側とは別の世界、半獣神や妖精たちの暮らす「ナルニア国」でした。

次にナルニアへ足を踏み入れたのは、エドマンドでした。彼の前に、雪のように白い女の人が現れます。その人は、エドマンドの心に渦巻く兄への反発心や妹への対抗心を見透かしたのでしょうか。魔法のお菓子で彼を手なづけてしまいました。

数日後、ついに4人そろってナルニアを訪れたきょうだいたち。彼らは、ナルニアの住人が「白い魔女」に苦しめられている

ナルニア国ものがたり1
ライオンと魔女
作　C. S. ルイス
絵　ポーリン・ベインズ
訳　瀬田貞二
1966年　岩波書店

衣装だんすのなかの国

ことを知ります。邪悪な魔女は、ナルニアを冬に閉じこめたばかりか、抵抗する者を石に変えるのだとか。そのうえ、4人の命を狙っているというではありませんか！「白」という共通点が示すように、エドマンドが出会った女の人と残酷な魔女、ふたりは同一人物です。エドマンドもそのことに気づいていたはずなのに、彼は魔女の側についてしまいました。心の穴を埋めるため、ほかでもない自分自身を欺くとは……。人が悪に吸い寄せられていく瞬間って、こういうものでしょうか。

　エドマンドを、そしてナルニアを救うため、残る3人が立ち上がります。彼らを導くのは、偉大なる正義のライオン、アスランです。一同の行く手には、波乱に満ちた大冒険が待っていました——。

　善と悪の戦いを描いたこの異世界ファンタジーは、アスランの威風に酔うもよし、4きょうだいに感情移入するもよし。もちろん、あなた自身がナルニアを訪ねるという楽しみかたもありますね。ただし、行こうと思っては行けなくて、行こうと思っていないときにひょいと行ってしまう。ナルニアとは、そういう場所のようですよ。

Sense of Adventure

2

ぼうけんは、あこがれ

とらのこ とらこ

作・絵　きくちちき
2018年　小学館

ほら、
ひとりで
できたよ

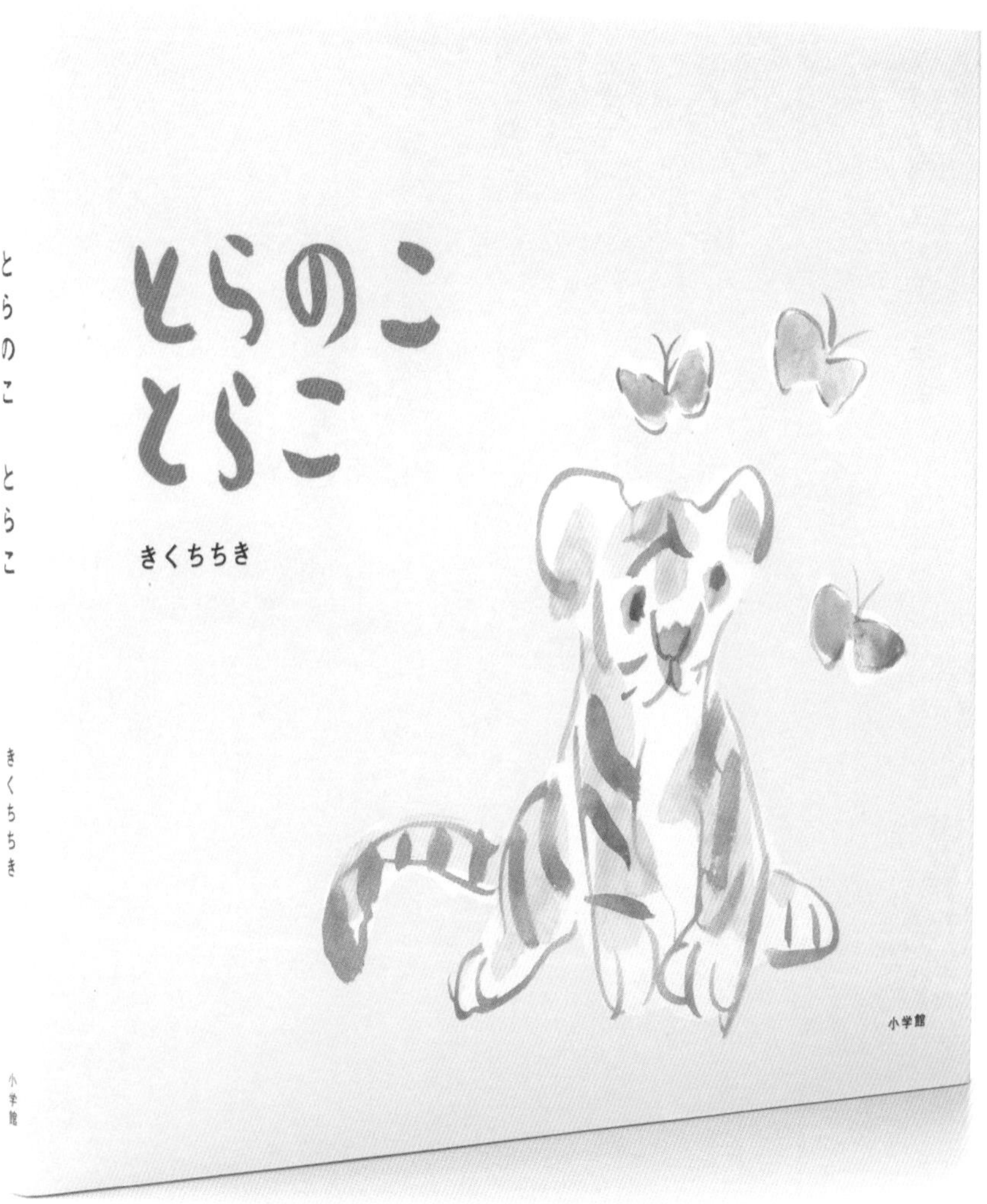
とらのこ　とらこ
きくちちき
小学館
とらのこ
とらこ
きくちちき
小学館

トラの子ども「とらこ」は、親トラと一緒にジャングルで暮らしています。耳をくすぐるのは、「とらこ　とらこ」という親トラのささやき。愛情たっぷりの声にうながされ、今日も狩りの練習をします。

　森のなか、蝶をつかまえようとしますが……あれれ、

とらこ　とらこ　つかまえて

行っちゃった。川のなか、魚をつかまえようとしますが……うーん、残念。なかなか親トラのようにはいきません。

だけど、今はまだ甘えんぼうのとらこだって、いつまでも小さいまんまじゃありません。日々の冒険の甲斐《かい》あって、少しずつ、でも着実に大人に近づいています。たくさん失敗しながら、ちゃあんと親トラの背中を追いかけているのです。

さあ、とらこがいよいよ、ひとりで狩りにでかけるときがきましたよ。怖い気持ちをぎゅっとこらえて、小さな体で力いっぱい「があおおお」。大きな吠え声を上げて、何をつかまえたのかな？

とらこは得意満面ですが、親トラのほうはうれしいようなさびしいような、思いがけないわが子の急成長ぶりに、ちょっと複雑な表情です。

42

こわくなんかないぞ。
ぼくには、らいおんが　ついているんだから！

「どうだい、ぼくは　つよい　らいおんだろう。きみも
つよくなりたいなら、ぼくが　つよくしてやるよ」

ラチとらいおん
マレーク・ベロニカ ぶん,え／とくながやすもと やく

ラチは、世界でいちばん弱虫な男の子。犬も、暗闇も、友達さえも怖くて、いつもひとりで泣いてばかりです。だけど、お気に入りのらいおんの絵を眺めては、その強さにひそかにあこがれていました。

　そんなラチの前に、ある朝、真っ赤ならいおんが現れます。ラチのおしりのポケットにすっぽり収まるくらい小さいけれど、勇

昨日の
ぼくより
強くなりたい

それから、ラチに　とびかかると、
えい、やっ　と、
ゆかに　おしたおしました。

ラチとらいおん

文・絵　マレーク・ベロニカ
訳　とくながやすもと
1965年　福音館書店

敵で力持ち。「きみも　つよくなりたいなら、ぼくが　つよくしてやるよ」と、手を差しのべてくれました。

　まずは、らいおん流の体操で体を動かすところから。体がほぐれたら、次は苦手な犬のそばを通ったり、真っ暗な部屋に入ったり。らいおんに励まされ、小さな冒険を積み重ねていくラチ。味方がいる――そう思うだけで、なぜか力がわいてくるものです。そうして強くなったのは、ラチの体だけじゃなく、むしろ心のほうでした。

　自信をつけたラチがとうとう、いじめっ子に毅然《きぜん》と立ち向かうことができたとき、らいおんはそっと姿を消します。とびきり素敵な手紙をあとに残して。

せんちょうに　いわれて、
チムは　なみだを　ふいて、
もう　びくびくするものかと　おもいました。

チムとゆうかんなせんちょうさん

作　エドワード・アーディゾーニ
訳　瀬田貞二
1963年　福音館書店

ぼくが船乗りになるまで

海辺に暮らすチムの夢は、船乗りになることです。それも、「いつか」じゃなくて、「今すぐ」に。だのに、その気持ちをお父さんとお母さんに打ち明けると「まだ ちいさすぎるよ」と笑われてしまいました。

悲しくてたまらないチムは、港に停泊していた汽船に忍びこみます。汽船が動き、陸地がすっかり遠ざかったころ、ようやくチムに気づいた船長は、もうかんかん。チムをきびしく叱りつけ、船に乗るなら仕事をしなくちゃだめだといいました。

甲板掃除に料理場の手伝い、それから船員のズボンのボタンつけまで、一生懸命働くチム。そりゃあ、あまりにつらくてちょっぴり後悔することもありましたが、大人だって弱音を吐くこと、ありますよね。それに、チムは途中でくじけませんでした。次第に船の暮らしに慣れ、あの船長にも認められるように。

そんななか、大嵐がやってきます。チムの船は岩に激突し、横倒しになってしまいました。沈みゆく船に取り残されたのは、船長とチム！　小さくとも勇ましい、チムの海洋冒険譚の結末は――。

なほちゃんのめが、きゅっと　つりあがりました。
「わたしも　いく！」

なほちゃんは、ちっちゃい女の子。なのに、大きい子たちに混じってキャンプに行きたいといいはります。

「ちっちゃいこは　おもいにもつをもって　あるけないし」「すぐなくし」「よる、くらいとこわがるから」――大きい子たちは、あれやこれやと理由をつけて猛反対です。でも、負けん気の強いなほちゃんは、ぜーんぶ押しきってしまいました。

さて、キャンプ当日、なほちゃんはがんばりましたよ。ここでへこたれたら、「ほら、やっぱり」といわれてしまいますからね。

小さな体で重い荷物を運び、川で転んでも泣かないで（本当はちょっぴり泣いてしまったけれど、内緒です）、薪《まき》集めでも大活

なほちゃんと　あきちゃんが　かわらにつくと、
みんなは　テントを　はっているところでした。

わたしも キャンプ、できるもん！

躍！　そしてみんなが寝静まったあと、おしっこがまんできなくなったときも、ひとりでテントの外にはいだして……。
　あこがれの冒険をやりとげたなほちゃんは、もちろん満足顔。そして、あれだけ反対していたにもかかわらず、なほちゃんをさりげなくサポートしてあげた大きい子たちも何だかうれしそう。みんなみんな、忘れられない１泊２日を過ごしたのでした。

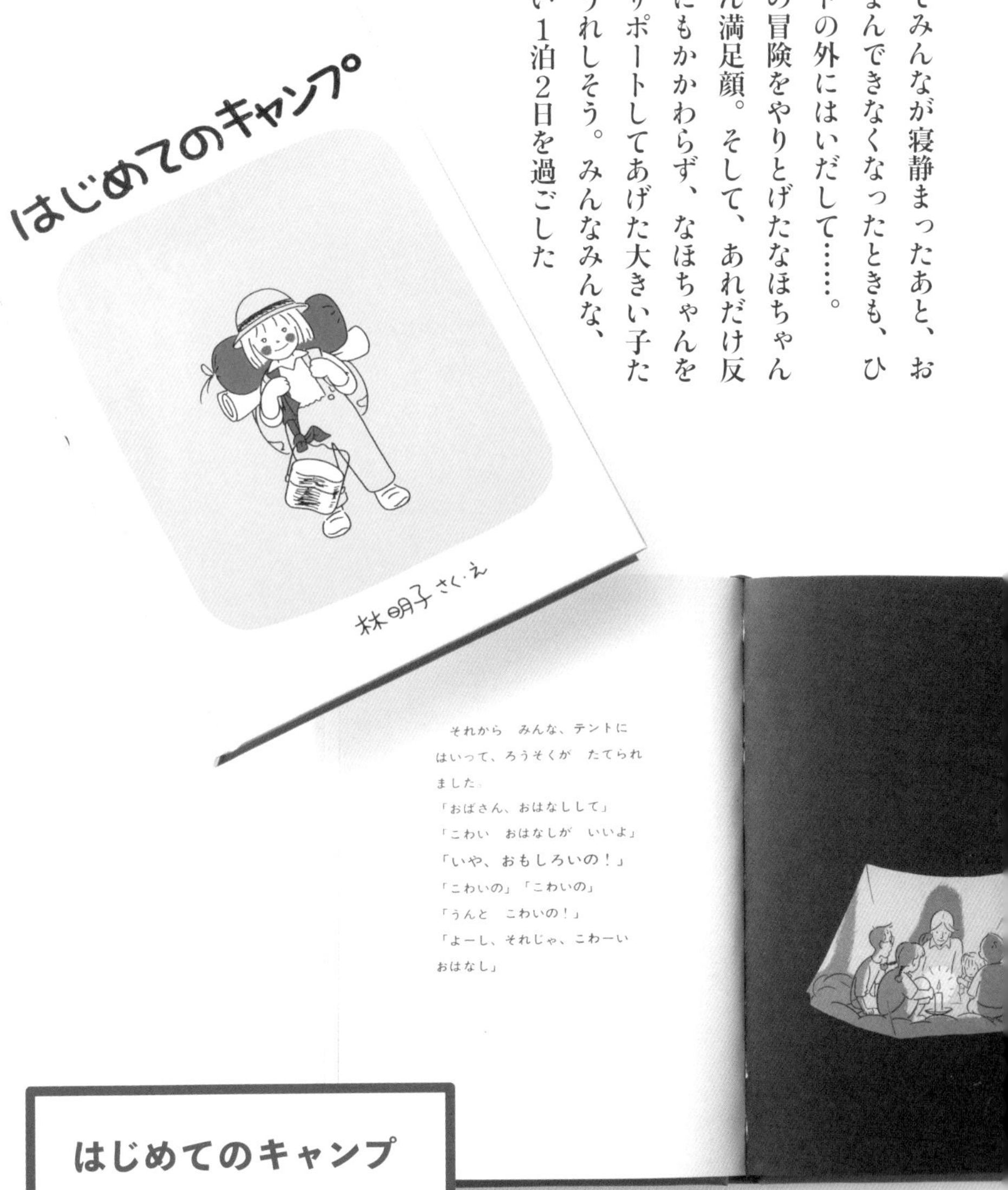
はじめてのキャンプ
林明子さく・え
それから　みんな、テントに
はいって、ろうそくが　たてられ
ました。
「おばさん、おはなしして」
「こわい　おはなしが　いいよ」
「いや、おもしろいの！」
「こわいの」「こわいの」
「うんと　こわいの！」
「よーし、それじゃ、こわーい
おはなし」

はじめてのキャンプ
作・絵　林明子
1984年　福音館書店

いつかこのさきにいきたい、いきたい、いきたいなあ。

ポルパたちは、いよいよひょうがのさきにいって、
あとからくるとざんしゃのために、
はしごやロープをじゅんびしました。
「こおりのかたまりがおちてくることもあるから、きをつけていくんだぞ。
いそぎすぎてもだめ。のんびりしすぎてもだめ。
こおりをよーくみて、あんぜんなみちをさがすんだ」
ポルパは、はりきってすすんでいきます。ぶじにひょうがをこえると……

シェルパのポルパ
エベレストにのぼる
文　石川直樹
絵　梨木羊
2020年　岩波書店

生まれたときから
ヒマラヤを
眺めてた

ヒマラヤの麓、ネパール東部に生きる山岳民族「シェルパ」を知っていますか？　彼らは田畑を耕したり家畜を育てたりしながら、春と秋には世界各地からやってくる登山者のサポートをして暮らしています。

ポルパは、そんなシェルパの男の子。生まれたときからヒマラヤを眺めて育ち、その主峰、エベレストに登ることを夢みてきました。今はまだ氷河より向こうへ行くことは許されていませんが、荷物運びの仕事をして、日々体を鍛えています。

そんなポルパに、ようやくチャンスがめぐってきました。ポルパの足腰の強さを見こんだおじさんが、ピッケルの使いかたやロープの結びかたなど、専門の技術を教えてくれることになったのです。

そして迎えた、初登頂の日。ポルパはついに、氷河の先へ。「はーっ、はーっ、ふーっ」――その息づかいから、道のりの過酷さが伝わってきます。それでもポルパは、登ることが楽しくてしかたありません。

吹雪に耐え、飛ぶ鳥に励まされ、世界でいちばん高い場所に登りつめたとき、ポルパは何を思うのでしょう。

発明好きの小ネズミは自信まんまんだ。これならきっと、アメリカまで飛んでいける！

大きな港町に、知りたがりの小ネズミがいました。小ネズミが、いつものように人間の図書館でこっそり本を読みふけっていた日のことです。家に帰ると、町中のネズミが1匹残らず消えていました。どうやらネズミとりの出現に恐れをなして、アメリカへと船出した模様。仲間を追いたい小ネズミは、思い立ちます。「そうだ！ 空を飛んでいこう！」と。

ここから、小ネズミの試行錯誤がはじまります。まずは、新聞紙の翼にチャレンジ。あえなく墜落すると、次は蒸気エ

50

小ネズミ、大西洋を飛ぶ

ンジンの開発に乗りだしました。せっせと部品を集めて、設計図を描いて……。

この小ネズミ、不思議なことに、失敗を重ねるほど生き生きしてくるんです。最終目的はアメリカへ行くことなのだけど、たぶん、問題をひとつずつクリアしながら大空へ挑むこと自体が、おもしろくなっていたんじゃないでしょうか。

そんな小ネズミの冒険スピリットが、ひとりの少年の心にあこがれの火を灯《とも》すことになるのは、まだ少し先のお話です。その少年の名前は――この本の題名にあります。

リンドバーグ
空飛ぶネズミの大冒険
作　トーベン・クールマン
訳　金原瑞人
2015年　ブロンズ新社

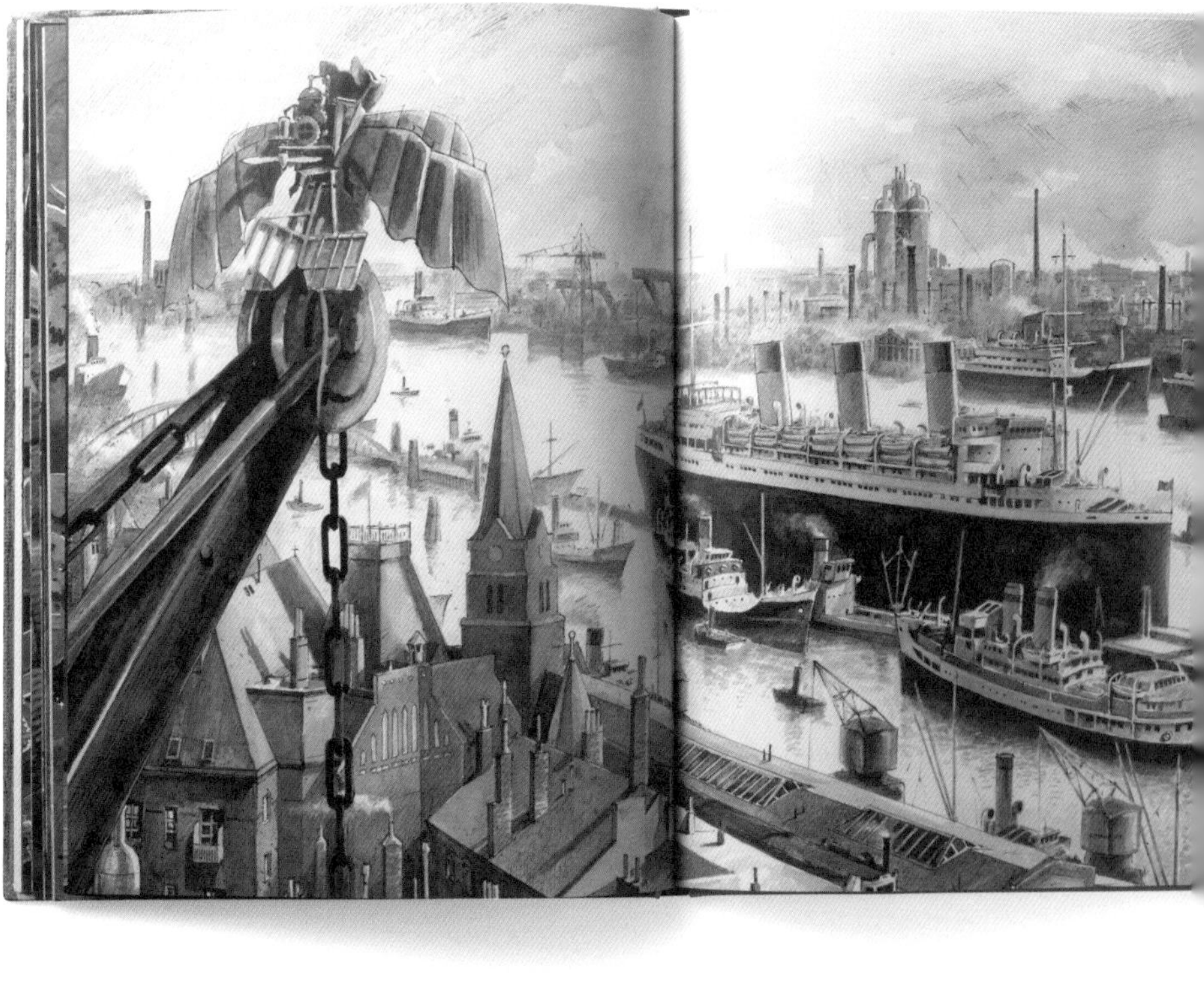

ガンバはまた走りだし、へさきまでいくと、
またまた目の前に広がっている海をじっと見つめ、
「これも海か！」と、泣き叫ぶようにいいました。

ガンバは台所の床下でぬくぬくと暮らす町ネズミ。腕っぷしに自信はあれど、のんべんだらりとした毎日を過ごしています。寝ぐらで手足をのばすとき、かつての冒険の記憶がよぎり……といいたいところですが、ガンバには、そんなときに思いだされることは何ひとつありませんでした。

でも、心のなかではあこがれていました。ガンバ自身、うまく説明できませんでしたが、何かとても「大きくて広い」ものに。

そんなある日、ガンバの生活が一変します。きっかけは、友人の誘いで参加した、船乗りネズミの集まりでした。

集まりは、飲めや歌えやの大盛り上がり。ところが、どんちゃん騒ぎもそろそろお開きかというとき、突如、全身傷だらけのネズミが現れたのです。それは、南方の「夢見が島」からやってきた忠太でした。

忠太によれば、島では数千のネズミがイタチに襲われ、全滅しかかっているのだそう。命からがら島を抜けだした忠太は、一縷《いちる》の望みをかけて助けを求めにきたのでした。島の惨状を聞いたガンバは、矢も盾もたまらず立ち上がります。

冒険者たち
ガンバと十五ひきの仲間

作　斎藤惇夫
画　薮内正幸
1982年　岩波書店

青い海が呼んでいる

物知りのガクシャ、力自慢のヨイショ、粋狂なイカサマをはじめ、15匹の仲間とともに夢見が島を目指すガンバ。その船上、ガンバは生まれてはじめて海を見ました。しばらくのあいだ、言葉がでませんでした。どこまでも大きく、どこまでも広い海に魅せられたこの瞬間から、ガンバは「冒険者」になったのかもしれません。

　一行のリーダーに選ばれたガンバは、己の未熟さを痛感しながらも、持ち前の度胸でみんなを引っぱります。やがて島に生き残ったネズミたちとも合流し、総勢100匹で、イタチとの決戦のときを迎えますが……。

　白イタチのノロイがしかけてくる攻撃は巧妙で、執拗《しつよう》で、残酷でした。勝ち目のない強敵を前に、それでもガンバと仲間たちは決してあきらめず、悲しい犠牲をだしながらも、持てる力をふりしぼります。弱き者が世界を反転させる——そんな奇跡は起きるでしょうか？

　勇気、情熱、信頼、そして愛。曲者《くせもの》ぞろいのネズミたちがくり広げる大冒険には、人生のすべてがつまっています。

そうですとも！
どこにも　いけなくなるなんて、
ちびっこの木は　まっぴらだったのです。

あるきだした小さな木

作　テルマ・ボルクマン・ドラベス
絵　シルビー・セリグ
訳　花輪莞爾
1969年　偕成社

それは、
自由への
渇望

あるきだした小《ちい》さな木《き》
ボルクマン・さく
セリグ・え
はなわかんじ・やく
あるきだした小さな木
ボルクマン作
花輪莞爾訳
偕成社

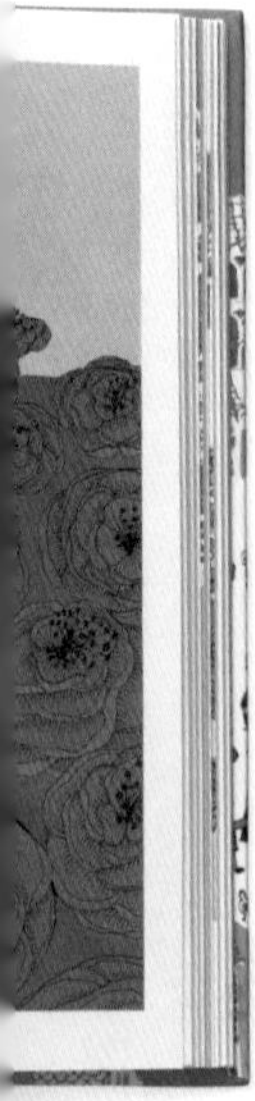

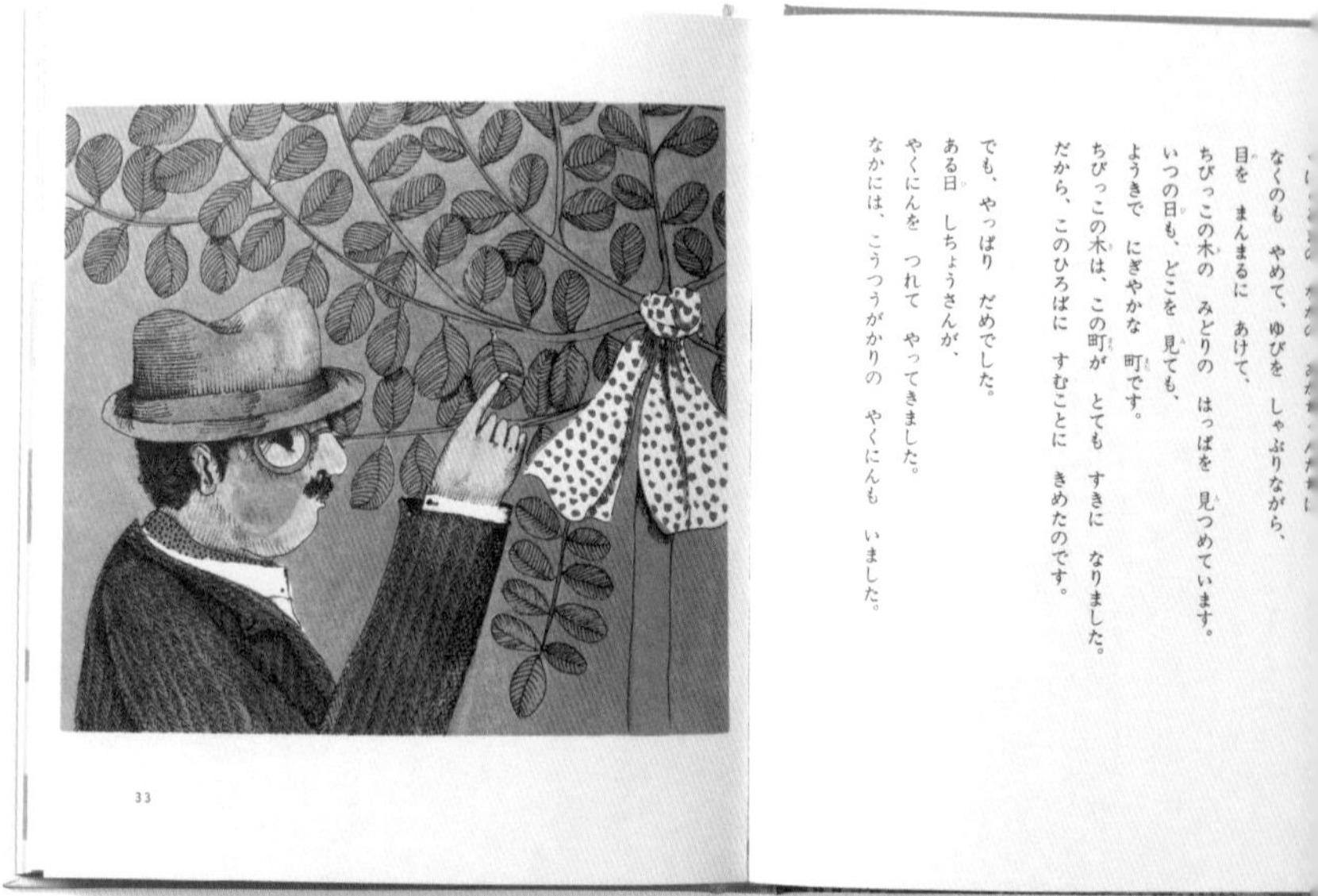

なくのも　やめて、ゆびを　しゃぶりながら、
目を　まんまるに　あけて、
ちびっこの木の　みどりの　はっぱを　見つめています。
いつの日も、どこを　見ても、
ようきで　にぎやかな　町です。
ちびっこの木は、この町が　とても　すきに　なりました。
だから、このひろばに　すむことに　きめたのです。

でも、やっぱり　だめでした。
ある日　しちょうさんが、
やくにんを　つれて　やってきました。
なかには、こうつうがかりの　やくにんも　いました。

33

56

深い森のなか、お日さまの光の差しこむ原っぱに「ちびっこの木」は生えていました。すぐそこには、パパの木とママの木も生えています。いつもパパとママのそばにいられるなんて、こんなしあわせなことはありません。
　ところが、ある日、人間の男の子を見かけたちびっこの木は、人間と一緒に暮らしてみたくなります。とはいえ、森の奥に生えるちびっこの木に、いったい何ができるでしょう? 人間や動物のように好きなところへ歩いていくなんて、大地に根をはる木にはできっこありません。
　だけど、ちびっこの木の考えは、違っていました。「ほんとうに 木は あるけないかしら」――そう疑ったのです。木が歩けないのは、これまで歩こうとした木がなかっただけのこと。だったら自分が最初の1本

だって、アンリと　けっこんしたら、きっと　そうなるんですもの。
アンリは、タクシーの　うんてんしゅです。
むすめさんは　アンリが　すき。
アンリは　むすめさんが　すきでした。
でも、そんなことは、
あの　しんしには　ぜんぜん　きにいらないことでした。

ちびっこの木は、ひろい　バラの　かだんの、
まんなかに　うえられました。
たくさんの　バラの　花から
あんまり　つよい　においが　するので、
ちびっこの木は　あたまが　いたくなるほどでした。
むすめさんは　しじゅう　ちびっこの木の　そばに　きては、
なみだを　ほろほろ　おとすのです。

49

になればいい、と。

それからというもの、ちびっこの木は毎晩のように体を揺すりました。ものすごく揺すりました。そして、ついには地面から抜けだして、根っこで歩きはじめます！

森をでたちびっこの木は、村から村へ、町から町へ、よろこびいさんで旅をしました。でも、歩くのは夜のあいだだけで、昼間は地面に生えているふりをします。ちびっこの木が歩けると知ったら、人間に何をされるかわかったものじゃありませんから（ある朝、突然、そこに木が生えているだけでも、人間たちはびっくりぎょうてんなんですけどね）。

ちびっこの木の願いは人間と一緒に暮らすことですが、人間に束縛されるのはまっぴらです。ちびっこの木には見たいものがたくさんあって、自分の意志で冒険したいのです。

この小さな1本の木にみなぎる、不可能を可能にする力。それは、自由への渇望です。親の庇護《ひご》のもとから飛びだして、自分の力で生きる場所を見つけたい。誰にも縛られることなく、誰とも対等でありたい。そんなひたむきな思いが、ちびっこの木を地面から解放し、歩かせました。

100本の根っこを使って西へ東へ旅をして、つかまりそうになったら知恵をしぼって抜けだして。ちびっこの木の自由の物語は、見えない何かに縛られているすべての人を、強くやさしく励まします。

ビルボはまたしても、きれいで明るい
自分のホビット穴が恋しくなりました。

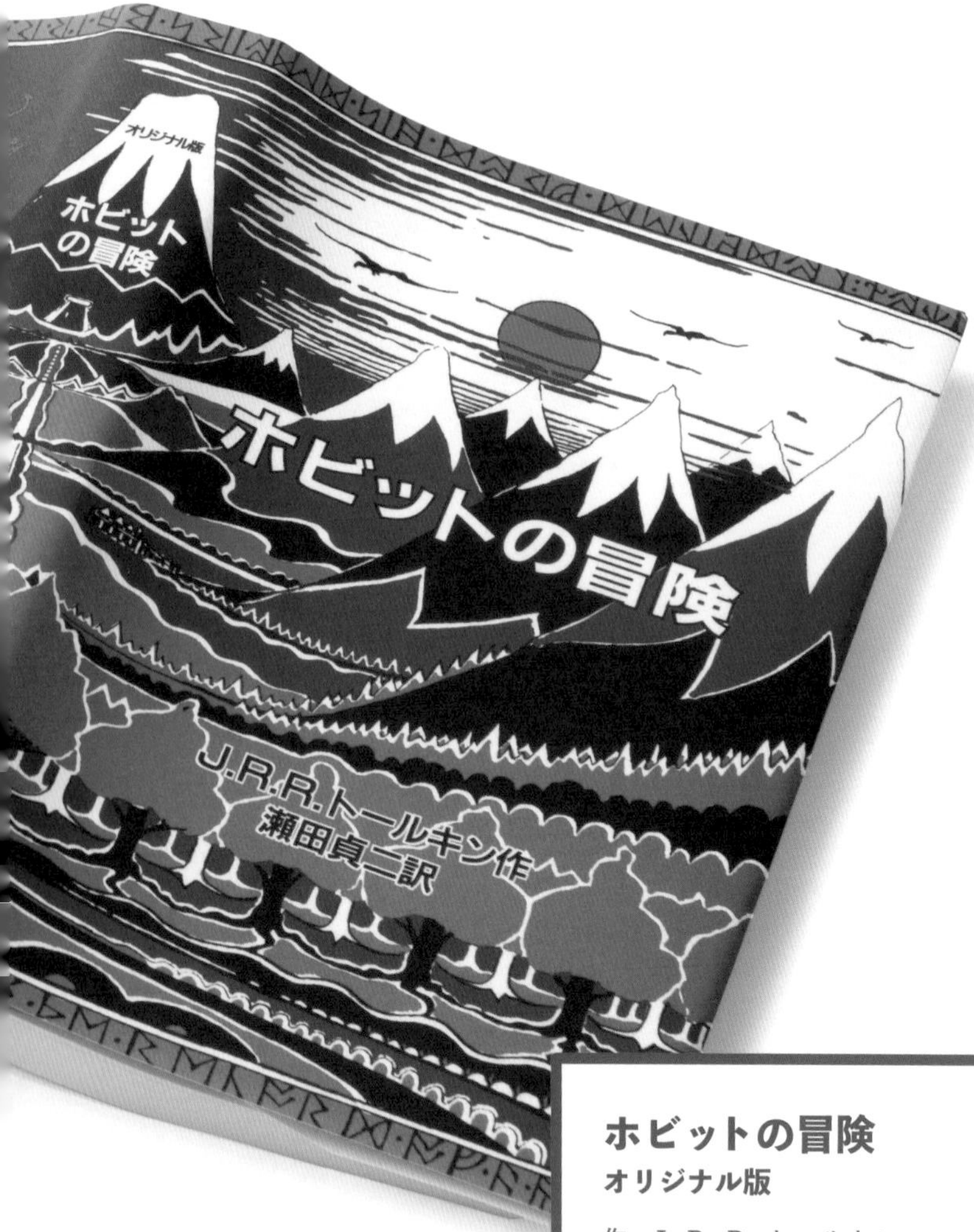

ホビットの冒険
オリジナル版

作　J. R. R. トールキン
訳　瀬田貞二
2002年　岩波書店

冒険家は日常を愛す

　ある日、ホビット小人のビルボのもとへ、魔法使いのガンダルフと13人のドワーフが押しかけてきました。ドワーフたちは、かつて竜に奪われた財宝を取り返す旅にでるところ。ビルボは「忍びの者」として彼らの旅に同行することになりました。冒険ぎらいを表明していたビルボでしたが、同時に、冒険にあこがれる気持ちもどこかにあったのです。

　けれど、その旅は、想像以上に苛烈なものでした。峠ではゴブリンに襲われ、森ではエルフに囚《とら》われました。窮地に陥るたび、魔法の指輪の力でからくも切り抜けるビルボ。ようやく竜から財宝を奪還したかに思えたのも束の間、激しい戦に巻きこまれてしまいます。

　この旅で、ビルボはひとりの冒険家として目覚ましく成長しました。しかし、あれほど壮大な冒険の渦中にありながら、彼の心はいつも、故郷のホビット穴にありました。ここに、ビルボの強さがあるのかもしれません。物語の最後、戦を終わらせるために彼がくだした高邁《こうまい》な決断は、平穏な日常に軸を置く者だからこそ、できたことだと思うのです。

ある日いきなり、ひとりの男が通りをねりあるき、タイコをたたいてさけびはじめたのです。

金持ちは石の館に住み、百姓は木の家に住み、貧乏人は藁《わら》の小屋に住む。そんな社会の不条理を、最も貧しい者ですら「こうだからこうなんだ。なるようにしかならねえさ」とあきらめきっていた町で、ある朝、ひとりのタイコたたきが声を上げます。

「ゆこう どこかにあるはずだ もっとよいくに よいくらし!」——タイコたたきは次第に数を増やし、口々に叫びました。これまで当然だと思ってきたことは、本当に当然だったのか? そんな問いかけに、金持ちは震え、貧乏人は期待しました。

やがて大群となったタイコたたきは、理想の国を求めて意気揚々と町の外へでていきます。しかし、彼らの冒険は思うように運びません。いつのまにか敵ができ、争いが起こり、暴力が生まれました。今あるものだけでは満足できなくなり、奪われた者たちが奪う者へと変貌しました。

果たして、彼らは、あこがれの地を見つけることができるでしょうか。よい国もよい暮らしも、「探す」ものではなく「つくる」ものかもしれないのに。

タイコたたきの夢

作・絵　ライナー・チムニク
訳　矢川澄子
2018年　徳間書店

60

理想の国は
どこに
ある？

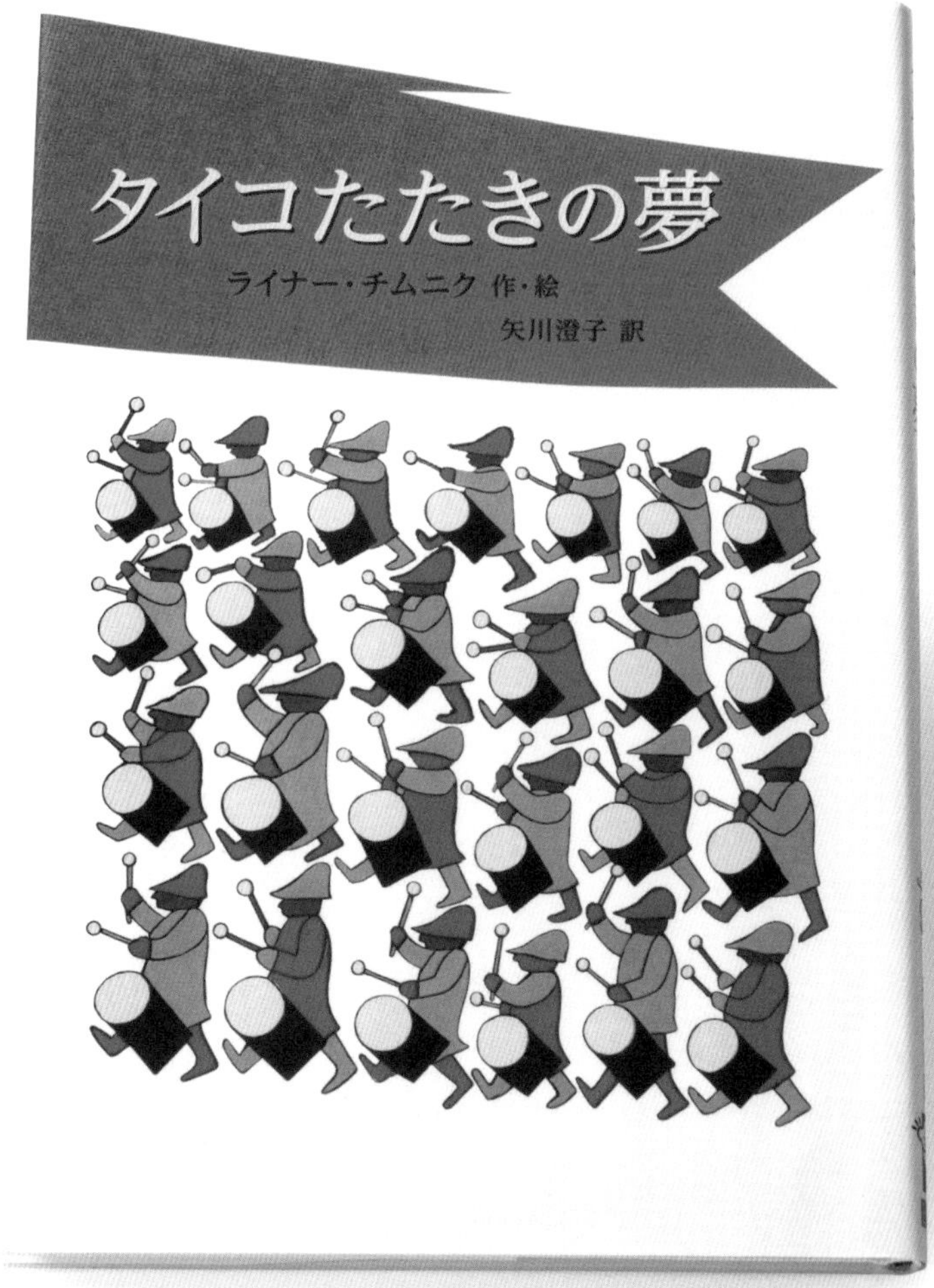
タイコたたきの夢
ライナー・チムニク 作・絵
矢川澄子 訳

Sense of Adventure

3

ぼうけんは、おもいやり

ぼくのたすけがいるときがあったら、
よろこんで　やくにたつつもりだから、
わすれないでくれたまえ。

ねずみとくじら

作　ウィリアム・スタイグ
訳　瀬田貞二
1976年　評論社

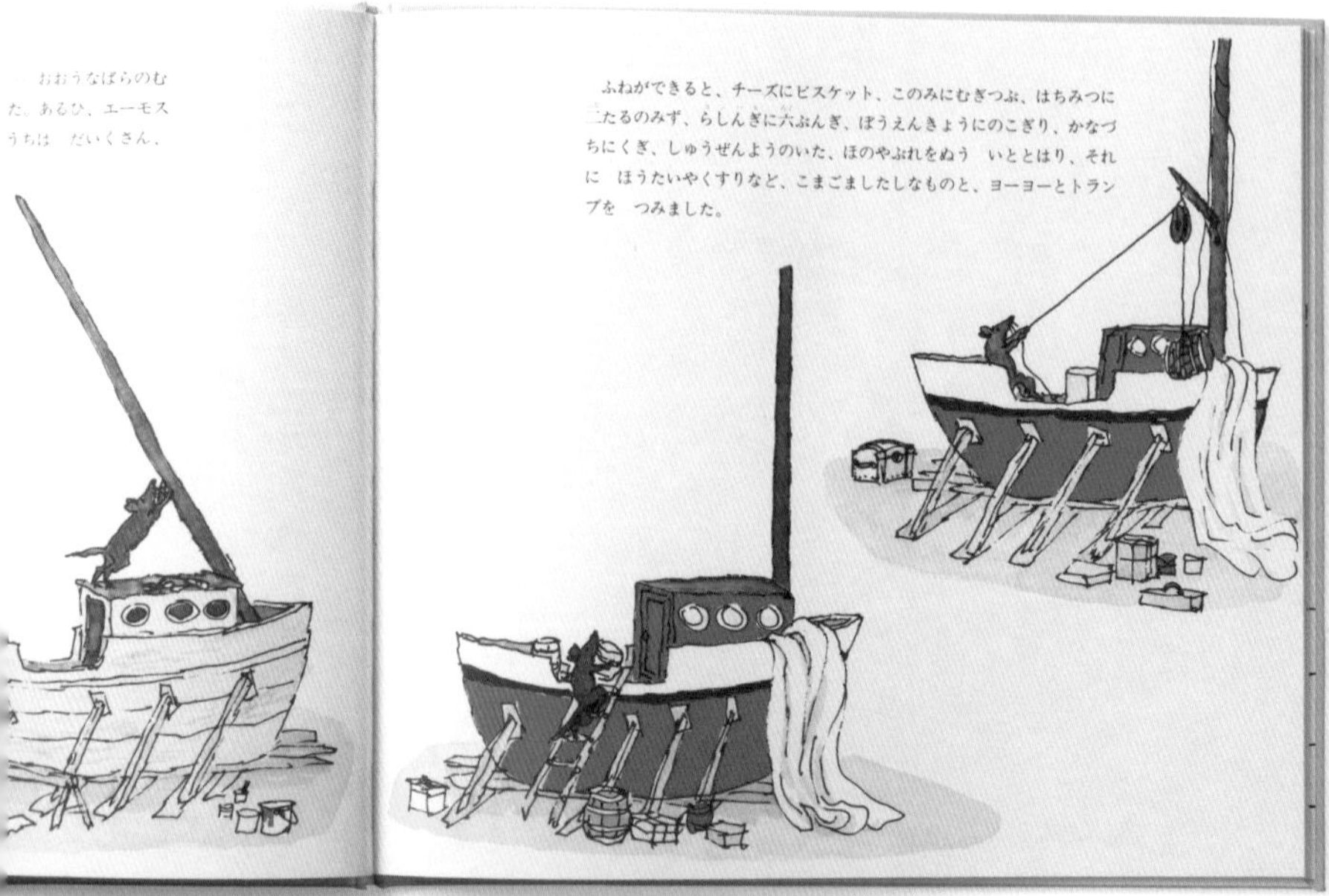
おおうなばらのむ
た。あるひ、エーモス
うちは　だいくさん、
ふねができると、チーズにビスケット、このみにむぎつぶ、はちみつに二たるのみず、らしんぎに六ぶんぎ、ぼうえんきょうにのこぎり、かなづちにくぎ、しゅうぜんようのいた、ほのやぶれをぬう　いととはり、それに　ほうたいやくすりなど、こまごましたしなものと、ヨーヨーとトランプを　つみました。

いているわけを　はなし
、　はこんであげようと
くじらたいかいで、そこ
はたくさんだから、ご
いと　いいました。
「めんどうなどころか、こうえいだよ。きみみたいな　かわったなかまと　つきあえる　チャンスは、これまでくじらのだれにあっただろうか。さあ、せなかに　のりたまえ！」エーモスはボーリスのせなかに　のりました。
「あんたは、ほんとに、ほにゅうるいかね？　さかなのようなにおいがするなあ」とエーモスがたずねました。くじらのボーリスは、ねずみのエーモスをのせて、およぎだしました。

ねずみのエーモスは、自作の船「かじり号」で大海原を航海中。ある晩、甲板に横たわって星を眺めていたときのことです。大宇宙の仲間として、今、生きて、ここにいる――そのことがあまりに不思議で、あまりに素敵で、興奮したはずみに海へ転落してしまいます。

　遭難したエーモスを助けたのは、くじらのボーリスでした。ふたりは、なぜか気が合いました。エーモスにはくじらの力強さが、ボーリスにはねずみの軽やかさがまぶしかったのでしょう。何から何まで正反対のふたりは、正反対だからこそ、お互いを心から尊敬するようになりました。

　しかし、陸のねずみと海のくじらは住む世界が違います。やがてふたりは、それぞれの暮らしに戻っていきました。

　さて、それから長い年月がたったある日。嵐に揉《も》まれたボーリスは、浜に打ち上げられて瀕死《ひんし》の状態に陥っていました。そこへ偶然現れたのが、エーモスです。今こそ、小さなエーモスが大きなボーリスを助けるとき！　あらゆる垣根を越えて親友となったふたりの、厚い友情物語です。

よし、でかけよう。
あたらしい　せかいで、
だれかが　わしを　まっているかもしれない。

ふらいぱんじいさん

作　神沢利子
絵　堀内誠一
1969年　あかね書房

ふらいぱんじいさんは、たまごを焼くのが大好き。でも、ある日、台所に新しい「めだまやきなべ」がやってきて、出番ががくんと減ってしまいます。まかせてもらえるのは、野菜の炒めものばっかり。台所仲間に「こんな ところで、くよくよ してない

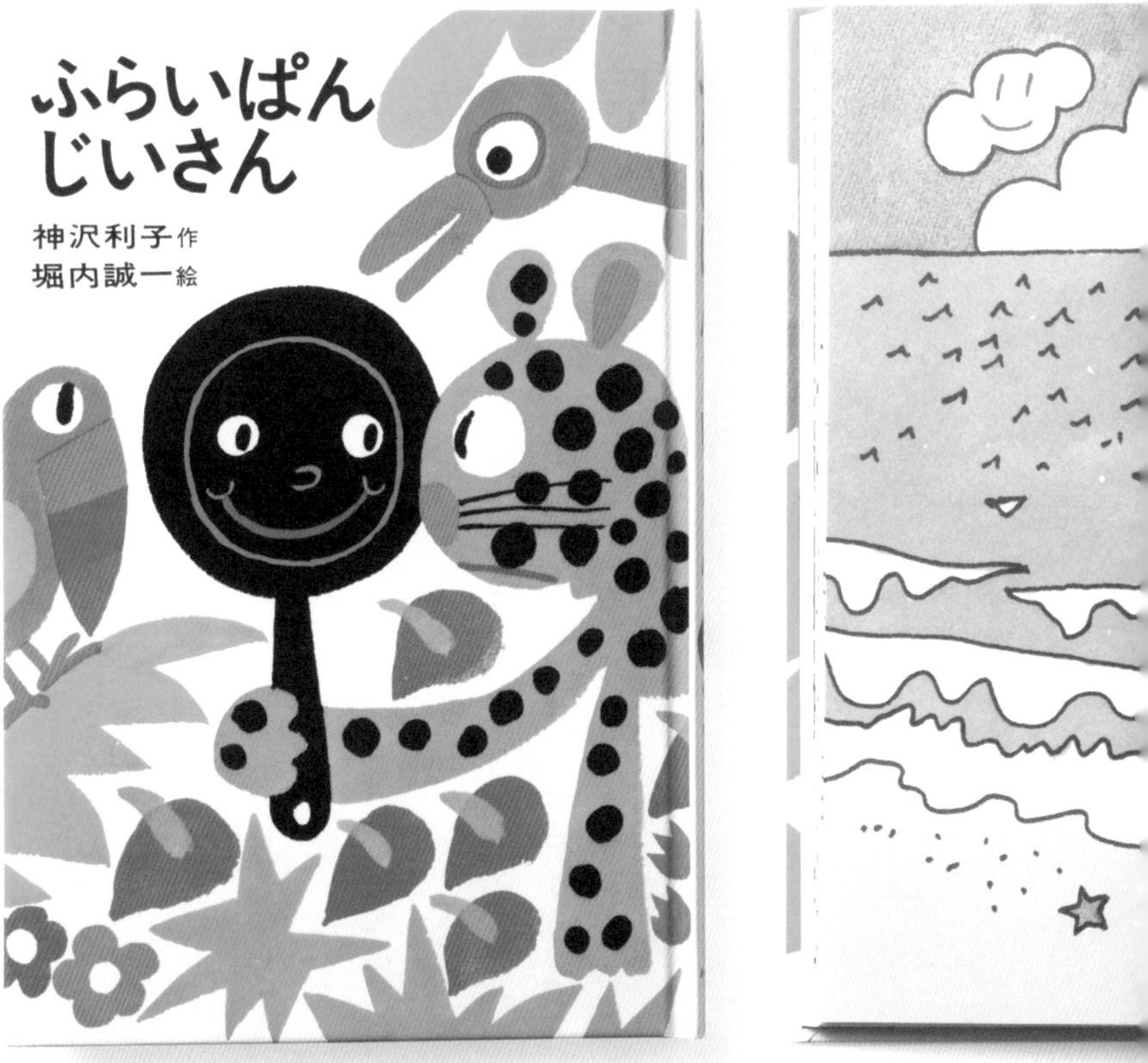

で、たびに でたら どうだい」と助言され、思いきって家をでることにしました。

ジャングルを抜け、草原を越え、砂漠を歩き、ひとり気ままに冒険するじいさん。やがて海へでると、ざんぶと飛びこみ、今度は海の旅を楽しみます（じいさんは、ふらいぱんだけど、泳げるみたいです）。

魚たちのおしゃべりを聞いたり、とびうおと一緒に飛んだり。嵐で海が荒れたときには、溺れそうになっている小鳥を助け、いたわってやりました。そして、そんなじいさんの思いやりにあふれた行動が、第二の人生を切りひらくことになります。

旅路の果ての小さな島で、あの嵐の日に助けた小鳥に再会したじいさんは、とうとう見つけます。台所より居心地のいい場所と、自分にしかできない役目を！

なかないで、あきよちゃん。
ぼく、あきよちゃんに、
きっと、ホタルブクロをとってあげるよ。

4月、小学校に新入生が入ってきました。1年生でいちばん大きいまさやは、ひとりじゃ何もできない甘えんぼう。一方、2年生でいちばん小さいあきよは、面倒見がよく、誰もが認めるしっかり者です。

みんなに「しっかりしなさい」といわれてばかりのまさやにとって、あきよは手本のような存在です。「あきよちゃんのようになればいいんだ」――そう思っていました。

そんななか、あきよが大切にしているホタルブクロの花が上級生に踏みつぶされるという事件が起きます。いつもは勝気なあきよも、これには泣きだしてしまいました。

大きい1年生と小さな2年生

作　古田足日

絵　中山正美

1970年　偕成社

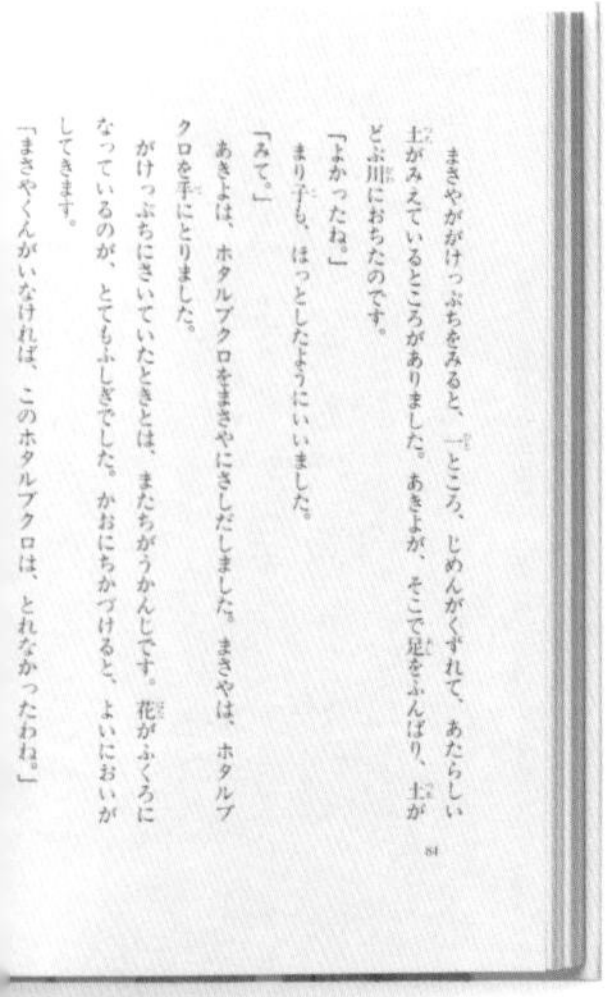

まさやがけっぷちをみると、一ところ、じめんがくずれて、あたらしい土がみえているところがありました。あきよが、そこで足をふんばり、土がどぶ川におちたのです。

「よかったね。」

まり子も、ほっとしたようにいいました。

「みて。」

あきよは、ホタルブクロをまさやにさしだしました。まさやは、ホタルブクロを手にとりました。

がけっぷちにさいていたときとは、またちがうかんじです。花がふくろになっているのが、とてもふしぎでした。かおにちかづけると、よいにおいがしてきます。

「まさやくんがいなければ、このホタルブクロは、とれなかったわね。」

84

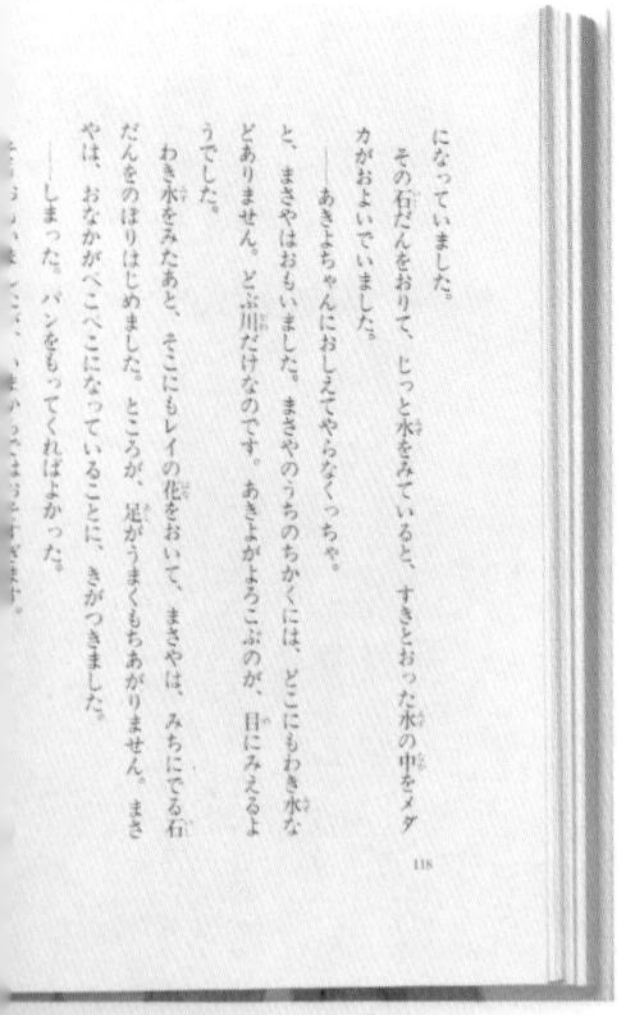

になっていました。

その石だんをおりて、じっと水をみていると、すきとおった水の中をメダカがおよいでいました。

――あきよちゃんにおしえてやらなくっちゃ。

と、まさやはおもいました。まさやのうちのちかくには、どこにもわき水などありません。どぶ川だけなのです。あきよがよろこぶのが、目にみえるようでした。

わき水をみたあと、そこにもレイの花をおいて、まさやは、みちにでる石だんをのぼりはじめました。ところが、足がうまくもちあがりません。まさやは、おなかがぺこぺこになっていることに、きがつきました。

――しまった。パンをもってくればよかった。

118

ホタルブクロを
きみに
あげたい

あきよが泣く……。それは、まさやにとって信じがたいことでした。大きな衝撃を受けた彼は、ひとり、ホタルブクロの花畑を目指して歩きだします。あきよに、両手いっぱいのホタルブクロをあげたくて。

「誰かのようになりたい」と思うのは、たぶん、成長の第一歩。でも、本当に人を強くするのは「誰かのために何かしたい」という気持ちなのかもしれません。冒険をやりとげたまさやは、昨日と違うまさやです。

そうだ、ぼくにも運転できるタクシーを作ってください。
小さなネコのタクシーを。

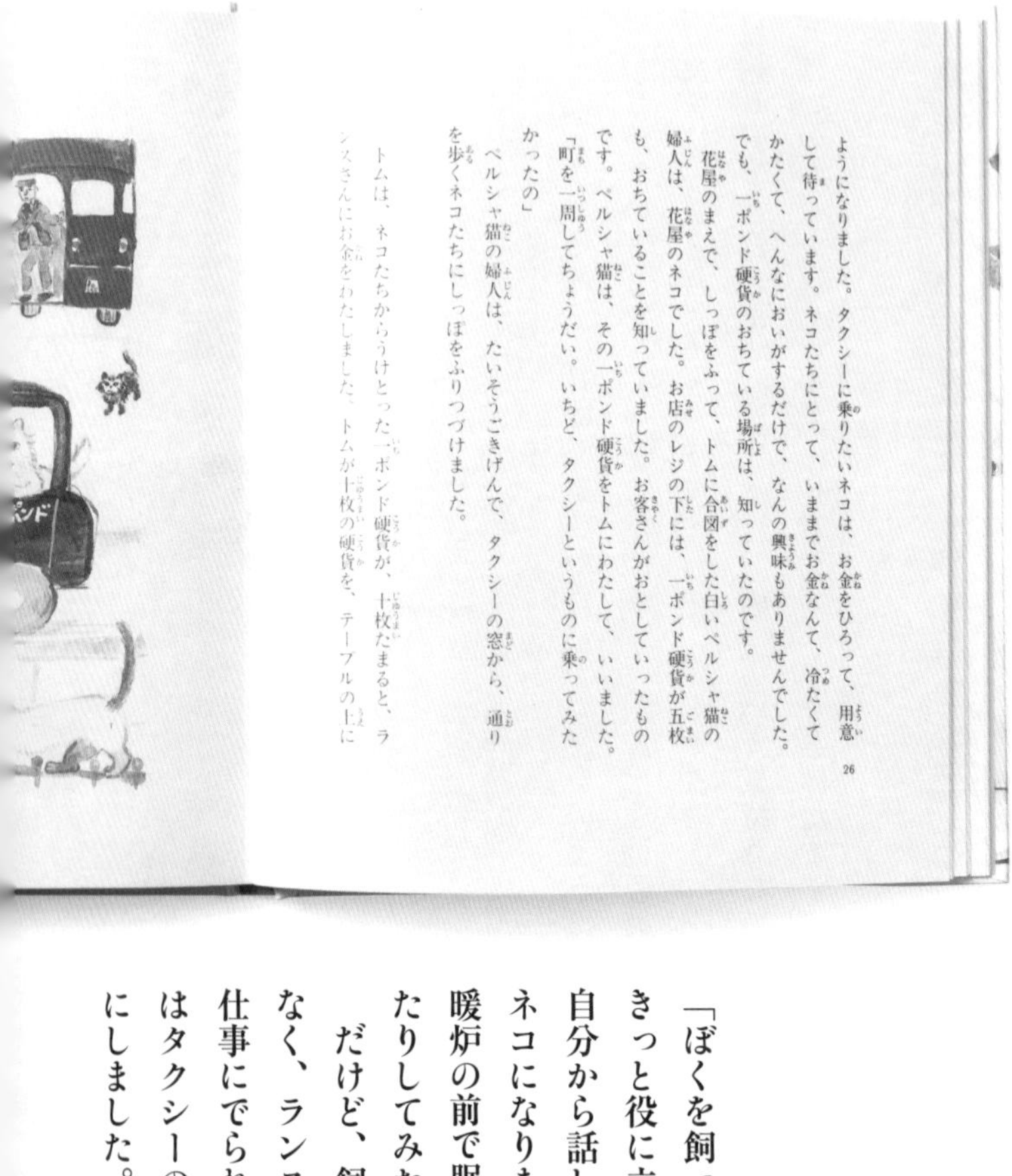
ようになりました。タクシーに乗《の》りたいネコは、お金《かね》をひろって、用意《ようい》して待《ま》っています。ネコたちにとって、いままでお金《かね》なんて、冷《つめ》たくてかたくて、へんなにおいがするだけで、なんの興味《きょうみ》もありませんでした。でも、一《いち》ポンド硬貨《こうか》のおちている場所《ばしょ》は、知《し》っていたのです。

花屋《はなや》のまえで、しっぽをふって、トムに合図《あいず》をした白《しろ》いペルシャ猫《ねこ》の婦人《ふじん》は、花屋《はなや》のネコでした。お店《みせ》のレジの下《した》には、一《いち》ポンド硬貨《こうか》が五枚《ごまい》も、おちていることを知《し》っていました。お客《きゃく》さんがおとしていったものです。ペルシャ猫《ねこ》は、その一《いち》ポンド硬貨《こうか》をトムにわたして、いいました。

「町《まち》を一周《いっしゅう》してちょうだい。いちど、タクシーというものに乗《の》ってみたかったの」

ペルシャ猫《ねこ》の婦人《ふじん》は、たいそうごきげんで、タクシーの窓《まど》から、通《とお》りを歩《ある》くネコたちにしっぽをふりつづけました。

トムは、ネコたちからうけとった一《いち》ポンド硬貨《こうか》が、十枚《じゅうまい》たまると、ランスさんにお金《かね》をわたしました。トムが十枚《じゅうまい》の硬貨《こうか》を、テーブルの上《うえ》に

26

「ぼくを飼ってみようとは思いませんか、きっと役に立ちますよ」——こんなふうに自分から話しかけて、トムはランスさんのネコになりました。野良ネコだったトムは、暖炉の前で眠ったり、ミルクをお皿でもらったりしてみたかったのです。

だけど、飼いネコ暮らしをはじめてまもなく、ランスさんがケガをしてしまいます。仕事にでられないランスさんのため、トムはタクシーの運転手をしてお金を稼ぐことにしました。

ネコによる
ネコのための
ネコタクシー

ネコのタクシー
作　南部和也
絵　さとうあや
2001年　福音館書店

運賃は1ポンド。ランスさんお手製のブリキの車で、町のネコたちを運びます。ちなみに、運転免許についてはご心配なく。このタクシー、エンジンはついておらず、トムが自慢の俊足で走っているんです！

ケガをした子ネコを病院に搬送したり、迷子のおばあさんネコを家に送り届けたり、親切なトムのタクシーは評判も上々。そんななか、銀行強盗の現場に居合わせたトムは、タクシーで泥棒たちを追跡することに……。

ランスさんの役に立ちたい。ただその一心でタクシーを走らせるトムは、このあと、思いも寄らない大活躍をします。

よくねむれば、きもちが　やさしくなり、
あたまは　すっきりする——
まどろみ国《こく》の　人びとは、そう　かんがえています。

「まどろみ国」の人々にとって、よく眠ることは何より大切です。しかし王さまの娘「すやすやひめ」は、怖い夢をみるのがいやで、なかなか寝つけません。
　困った王さまは国中に使いを送り、怖い夢を取りのぞく手立てを探しました。けれど、よい手は一向に見つからず……。とうとう王さま自ら、旅にでることにしました。町へ、村へ、異国の地へ。そうして地球の裏側まで訪ねたとき、ついに月のように光る小人に出会います。彼こそ、怖い夢が大好物の「ゆめくい小人」でした。

小人のおかげですやすやひめもぐっすり眠れるようになり、ひと安心。それに、心やさしい王さまは、冒険の成果をひとりじめせず、国中の子どもたちがいつでも小人を呼べるようにしました。
　ところで、王さまがこれほど「眠り」にこだわるのは、よく眠れば、やさしくなれるからだとか。この絵本を読み終えたとき、ゆめくい小人はもう、あなたの枕もとにいるかもしれません。明日もやさしくあるために、どうかぐっすり、おやすみなさい。

光る小人は
あなたの
そばに

まどろみ国《くに》の　人《ひと》びとは、ねむることが
いちばん　だいじな　しごとです。でも、
たいせつなのは、ながく　ねむることでは
ありません。ぐっすり　ねむることです。
よくねむれば、きもちが　やさしくなり、
あたまは　すっきりする―まどろみ国《くに》の
人《ひと》びとは、そう　かんがえています。
だから　この国《くに》では、いちばん　よく
ねむる人《ひと》が　王《おう》さまに　なるのです。

ゆめくい小人

作　ミヒャエル・エンデ
絵　アンネゲルト・フックスフーバー
訳　さとうまりこ
1981年　偕成社

あたしは、ときたま、
ティースプーンみたいにちっちゃくなっちゃってね、
そんなときには、どうしようもないのさ。

スプーンおばさんは、どこにでもいる普通のおばさんです。でも、ときどき、ティースプーンくらい小さくなってしまいます。いつ小さくなるかは、おばさんにもさっぱりわかりません。

　突然小さくなっても慌てないのが、このおばさんのすごいところ。「あら、まあ」くらいのもので、やりたいこともやらなきゃいけないことも、小さいまんまで、残らずやってのけちゃうんです。

　そんなおばさんの強い味方は、動物たち。小さくなるとなぜか動物と話せるおばさんは、ねこに乗って移動したり、レミング（おばさんの暮らすノルウェーにいる、ネズミに似た動物です）に乗って小川を渡ったり、セキレイに乗って空を飛んだり。小さな生きものの力を借りてピンチを打開します。

　口が達者で、少々、いや、かなり毒っ気のあるおばさんは、実はとっても人情派。ひとりぼっちの子や困っている子を放っておけなくて、お節介から思わぬ冒険がはじまることもしばしばです。冒険のあとは、もちろん、お世話になった動物たちへの恩返しも忘れませんよ。

スプーンおばさんのぼうけん

作　アルフ・プリョイセン
画　ビョールン・ベルイ
訳　大塚勇三
1968年　Gakken

小さなおばさんの
でっかい
ふところ

ぼくは突っ切って行く、
ヴァン・ゴッホの風景のなかを…
もっと美しい場所へと。

今いる場所が
すべて
じゃない

オレゴンの旅

文　ラスカル
絵　ルイ・ジョス
訳　山田兼士
1995年　らんか社

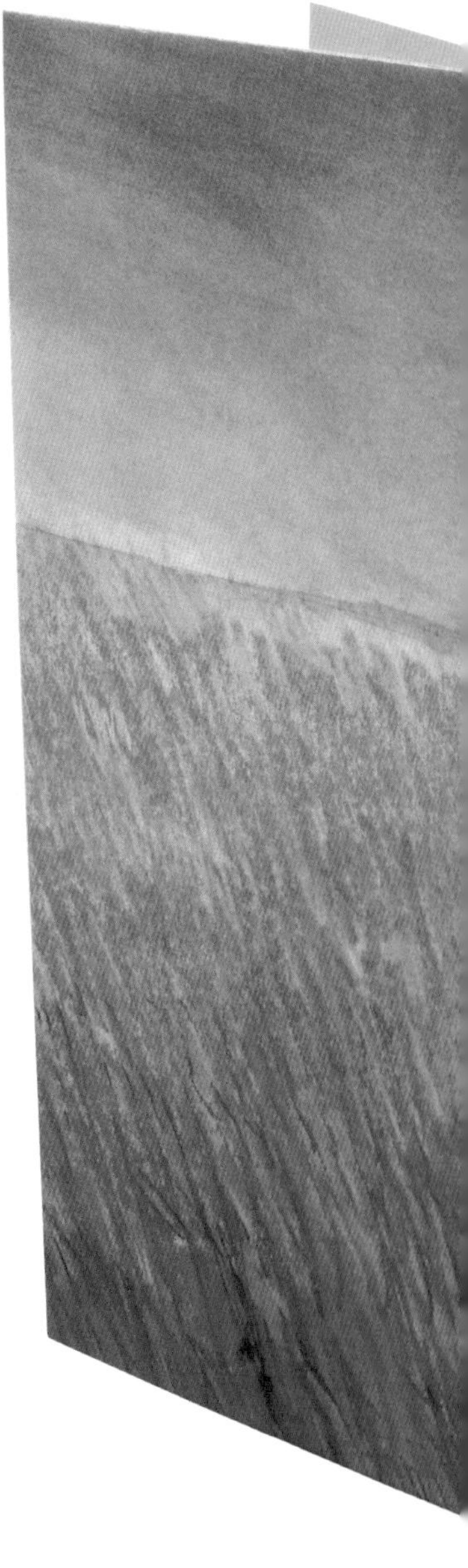

赤鼻のデュークは「星のサーカス団」の道化です。同じサーカスで曲芸をするクマのオレゴンとは、友人同士。デュークの出番はいつもオレゴンの次でしたから、舞台袖からオレゴンの曲芸を眺め、自分の道化芝居が終わると、オレゴンを檻《おり》へ連れていくのが常でした。

　そんなある日、オレゴンがいいました。「ねぇデューク、ぼくを大きな森まで連れてっておくれ」と。考えてみれば、オレゴンは森で仲間と一緒に暮らすべきです。

ぼくは地理にはまったく弱いのですが、オレゴンのいう、実がつまった木やいけすのような川がある大きな森が、それほど近くにあるとは思えませんでした。

デュークは、オレゴンとともにサーカスを去る決心をしました。

闇にまぎれてバスに乗り、ピッツバーグを発つふたり。オレゴンのいう「大きな森」がどこにあるのか、デュークには見当もつきません。ただ、煤《すす》だらけの空が広がる都会からうんと遠いことだけは確かです。

旅をはじめてまもなく、デュークの所持金は底を突きました。オレゴンはハンバーガーなら一度に３００個は軽く食べてしまいますから、しかたありません。それでも、デュークはしあわせでした。幼いころ、クマのぬいぐるみひとつ持っていなかった自分が、こうしてオレゴンと旅をしている。それだけで十分だったのです。

麦畑を突っきり、雹《ひょう》の降るなかを歩き、旅をつづけるデュークとオレゴン。畑は食卓、川はお風呂、草は寝床です。お金も仕事も

平原《へいげん》の風にはこばれて、
やがてぼくたちは、ロッキー山脈《さんみゃく》のふもとまで来ました。足がはれてもう歩けません。またヒッチハイクです。ぼくとオレゴンは、ロッキーを背にして手をあげました。

住む家も手放したふたりは、世界を丸ごと手に入れていました。

ロッキー山脈を越えたところで走る貨車に飛び乗ると、オレゴンの夢みた森は目前です。アメリカ大陸を東から西へと横断したふたりの旅は、いよいよ終着点へ。

ほどなくして、オレゴンを森へかえす日がやってきました。友人との別れを前に、「今度はぼくの旅に出よう」とひとりごちるデューク。長い冒険の末に、デュークが見いだしたものは何だったでしょうか。それはきっと、新しい生きかた！

今いる場所がすべてじゃないし、人生は変えられる。友のため、そう信じて踏みだした一歩は、そのまま彼自身のまっさらな未来につながっていました。オレゴンとの約束を果たした彼は、もう道化なんかじゃありません。赤鼻を捨てたデュークが、今、力強く歩きだします。

まちの　なかで　ちいさな　ものは、
どんな　きもちで　いるだろう。

冬の日、その子は街のまんなかでバスを降りました。道ゆく人はみな、無表情で急ぎ足。信号機の明滅、車のクラクション、ガラスばりのビルには歪んだ景色が映っています。都市というのは、小さな存在にとって、やさしいとはいいがたい場所です。

　にもかかわらず、その子は裏通りに入ってみたり、木に登ってみたり。雪の降りしきるなか、街を歩きまわります。もしかして、冒険を楽しんでいる？　いいえ、終始うつむき加減の横顔には、深い悲しみがにじんでいます。

　実は、その子はずっと、今まさにこの街のどこかで冒険している「ちいさな もの」に向けて、ささやきかけていたのでした。

「この みちは えらばないで。くらすぎるから」「きみに ぴったりの かくればしょは、この クワの きの した」「でも、しんじてる。きみは きっと だいじょうぶ」――それは、冒険者の無事だけを願い、ひたすら帰りを待つ者の、祈りのようなささやきです。

　では、目下冒険中の「ちいさな もの」とは誰でしょう。その答えは、物語の後半に明かされます。

このまちのどこかに

作　シドニー・スミス

訳　せなあいこ

2021年　評論社

どこかで
冒険している、
きみへ

めすねずみは、とつぜん、さとりました。
はとは、あそこにいなければいけなかったのです、
あの木々や、庭や、森のなかに。

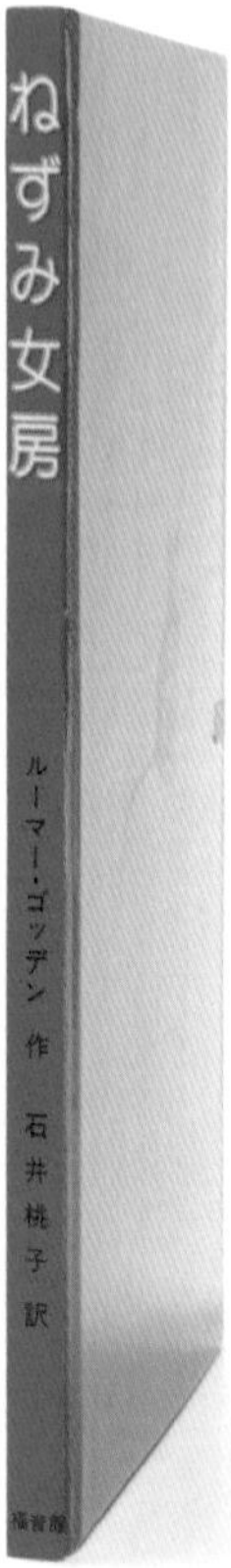

ある家に、ねずみの夫婦が住んでいました。あたたかい寝床があって、そこそこの食べものが手に入る。夫はそんな暮らしにすっかり満足していました。だけど、女房ねずみは違います。今はまだ持っていない「何か」がほしいと願っていました。

　そこへ、1羽の雉鳩《きじばと》がやってきます。鳥かごに囚われた鳩は、生きる気力をなくしていて、餌入れのなかの豆にも口をつけようとしませんでした。

　そんな鳩のもとへ、あの女房ねずみが現れます。餌入れの豆に目をつけた彼女は、格子のあいだをすり抜けて、鳥かごに忍びこんできたのでした。

　こうして鳥かごに出入りするようになった女房ねずみは、あるとき、鳩に話しかけます。すると鳩は、女房ねずみの知らない「外の世界」のことを聞かせてくれました。

　丸い丘、平らな畑地、遠くの山々。それから風、雲、空！　自分たちの住む家を全世

ねずみ女房

作　ルーマー・ゴッデン

画　ウィリアム・ペーヌ・デュボア

訳　石井桃子

1977年　福音館書店

82

さあ、鳥かごの外へ

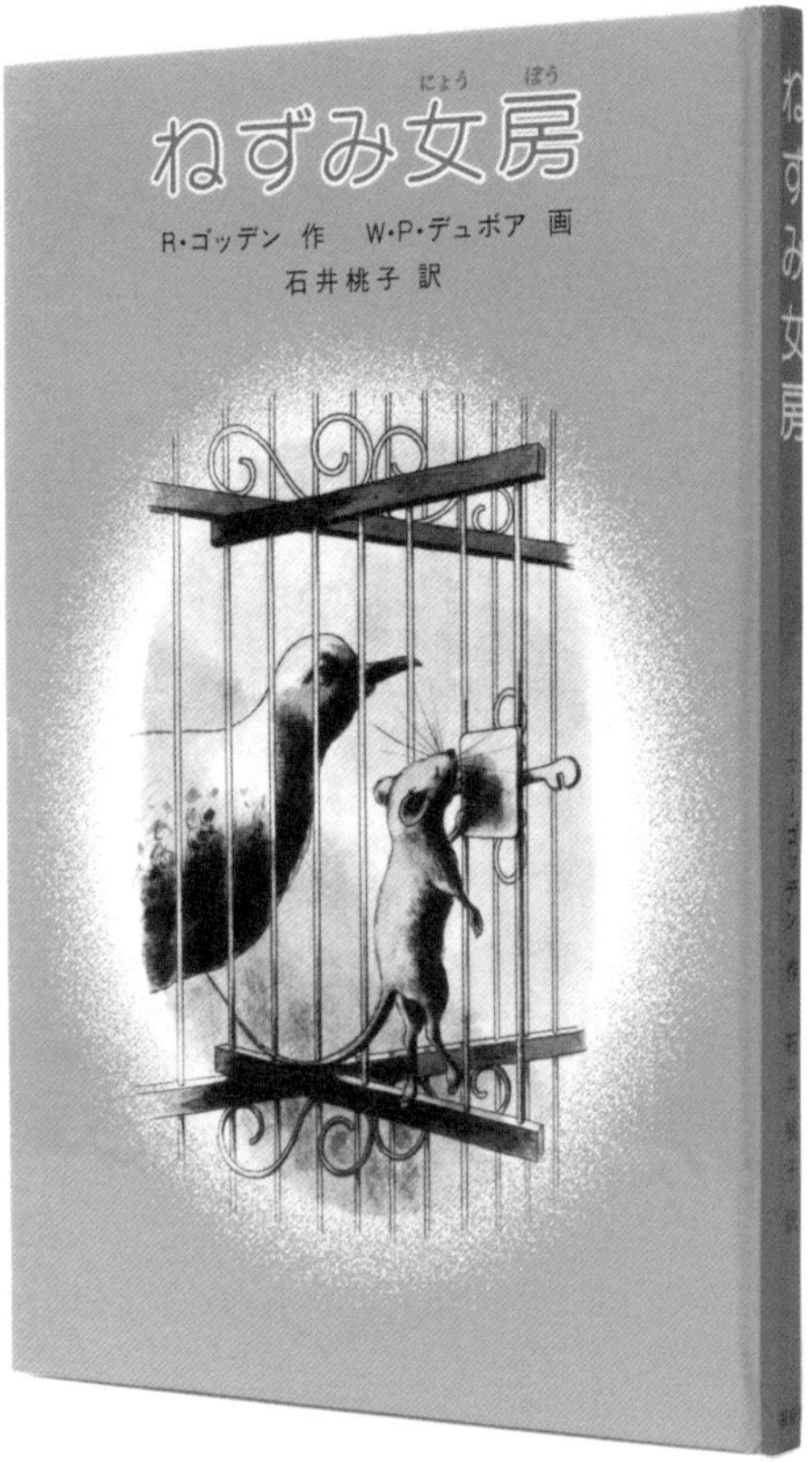

界だと信じこんでいた女房ねずみにとって、それは目眩《めまい》のするような体験でした。以来、彼女は毎日のように鳩のもとへ通い、話をせがむようになります。

けれど、そんな夢心地の日々は、いつまでもつづきはしませんでした。女房ねずみは気づいてしまったのです。鳩は、ここにいるべきじゃない、と。鳩を知れば知るほど鳩を手放せなくなっているのに、鳩を知ったがゆえに鳩を逃してやりたい……。心を引き裂かれた女房ねずみは、ある晩、渾身《こんしん》の力で鳥かごの戸を開けます。それは、思いやり以上の愛のなせる、命がけの行為でした。翼を広げた鳩は、窓の外へ！

おそらく鳩は、自分を解放したのが誰なのかを知らぬまま、去っていったでしょう。女房ねずみが涙に濡れた目で外を見やると、夜空に星が瞬いていました。彼女は星というものを知りません。でも、今、自分の力で外の世界を見ているのだということだけはわかりました。

鳩を失った女房ねずみは、もとの暮らしに戻り、そのまま歳を重ねました。彼女は鳩を逃してやっただけ。それでもやっぱり、これは彼女の冒険物語です。外の世界へでていくのとはまた別の、外の世界を自らの内に持つという、魂の冒険です。

もちろんアフリカには行ってあげたい――
こっちは寒いから、よけいにね。
しかし、きっぷを買うお金があるかどうか。

　医学博士のドリトル先生は、ある日、オウムのポリネシアから、動物にも言葉があることを教わります（オウムは人間の言葉も話せますからね）。動物が大好きな先生は、動物語を猛勉強。人間のお医者をやめて、動物のお医者になりました。

　動物と話せる名医の評判は、瞬く間に世界中に広まりました。すると、アフリカの「サルの国」から、流行《はや》り病を治してほしいという伝言が届きます。

　先生は仲よしの動物たちと船に乗りこみ、ツバメの案内で一路アフリカへ。見事、サルたちを病から救いました！　とはいえ、王さまにつかまったり家来に追われたり、先生の旅はハプニングつづき。いやはや、帰りはどうなることやら。

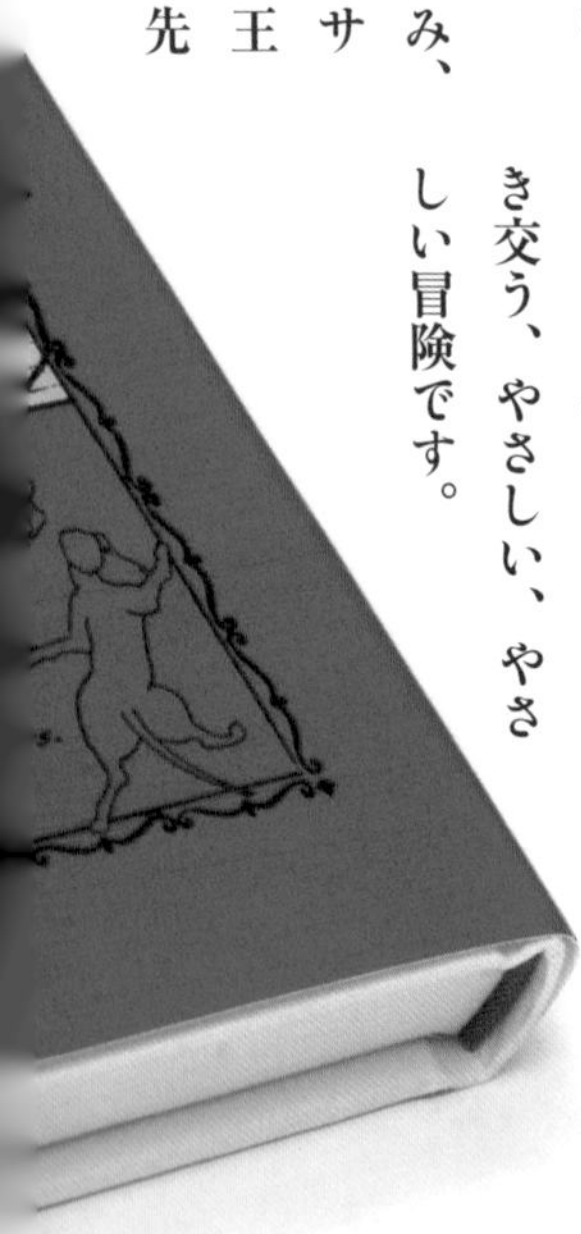

　ドリトル先生の魅力は、お医者としての技量や動物語の知識はもとより、その思いやりの深さです。動物も人も、困っていれば助けずにはいられないし、頼まれたら断れない（そんなわけで、いつもお金に困っているんですが）。そんな先生の冒険は、たくさんの「ありがとう」が行き交う、やさしい、やさしい冒険です。

真の名医は
かく
ありき

ドリトル先生アフリカへ行く

著　ヒュー・ロフティング

訳　金原瑞人　藤嶋桂子

2020年　竹書房

Sense of Adventure

4

ぼうけんは、むちゅう

ただもう、
どんどん
行くだけさ

こどもは　わきめも　ふりません。
まっすぐ　とおくを　にらんだまんま
どんどん　どんどん　ゆきました。

どんどん どんどん

作　片山健

1984年　文研出版

88

　ひとりの子どもが、荒野を歩いていきます。もうもうと土煙を立てて、草はらを掻《か》き分けて、へびやかえるも蹴散らして。大きな瞳で前だけをキッとにらみつけ、「どんどんどんどん」進んでいきます。

　道なき道であろうとも、行く手を阻むものが現れようとも、その歩みが止まることはありません。高層ビル群も荒れ狂う海も何のその。猛獣が目を光らせようが、怪獣が火を吹こうが、見向きもしません。

　パンツ一丁で大地をしっかと踏んづけて、

小さな足を右、左、右、左、交互に前へと運ぶのみ。おっと、派手に素っ転んで、泣いちゃうかな……と思いきや、子どもはむくりと起き上がり、小さな泥の山をひとつこしらえて、再び歩きだすのでした。

　人はなぜ、前へ進もうとするのか――そんな問いかけが虚《むな》しくなるほど、この子はただ前だけを見て、迷うことなく歩きます。ときにはつまずくこともあるけれど、しばしのクールダウンをはさんだら、いつのまにやら元気を取り戻します。

　この子の姿を見ていると、そうか、もっとシンプルでいいんだ、と思えてきます。激しくほとばしる命の前で、人生の目的やら生きる意味やらをごちゃごちゃ説いたところで、いったい何になるでしょう？　歩き去った子どもの後ろ姿が語っています。生きるという冒険に夢中で、そんなこと考える暇なんてないのさ、と。

「ぼく　ひとりで、せかいじゅうを　みて　こられる」
そういって、こすずめは、はねを　いよいよ　はやく、
ぱたぱた　うごかしました。

こすずめに、茶色の羽根が生えてきました。そろそろ飛ぶ練習をはじめるころです。お母さんに教わって、まずは近くの石垣を目指してぱたぱた。驚いたことに、こすずめはちゃんと空中に浮かんでいました。

　飛ぶのがおもしろくなったこすずめは、ますます早く、羽根を動かします。あっというまに石垣を越え、川を越え、このままどこまでだって行けちゃいそう！

　ところが、だんだん羽根が痛くなってきました。そこで、鳥の巣を見つけるたびに、「なかへ　はいって、やすませて　いただいて　いいでしょうか？」と、お行儀よくお願いします。だのに、からすにもふくろうにも門前払いされてしまいました。鳥は鳥でも、仲間じゃないからだめだというんです。

　日も暮れかけて、しょんぼりうなだれていると……夕日を背に、懐かしいシルエットが見えました。正真正銘の仲間、こすずめのお母さんです！

こすずめのぼうけん

作　ルース・エインズワース
画　堀内誠一
訳　石井桃子
1976年　福音館書店

90

お母さんは、巣までこすずめをおぶっていってくれました。こすずめが夢中で冒険できたのは、安心して帰れる場所があったから、だったんですね。

こすずめのぼうけん
ルース・エインズワース作　石井桃子訳　堀内誠一画
　すると、おどろいたことに、こすずめは、じめんに
おちずに　ちゃんと　くうちゅうに　うかんでいました。
「ぼく、これなら、あの　いしがきの　てっぺんより、もっと
とおくへ　とんでいける」と、こすずめは　おもいました。
「はたけを　こえて、そのさきの　いけがきを　こえて、
そのさきの　かわを　こえて　いける。
ぼく　ひとりで、せかいじゅうを　みて　こられる」
　そういって、こすずめは、はねを　いよいよ　はやく、
ぱたぱた　うごかしました。

「ぼか、へなそうる。うへん　うへん　うへん」と、
へなそうるのこどももも、うれしそうに　わらいました。

　近所の森を探検していたときのこと。てつたくんとみつやくんの兄弟は、大きなたまごを見つけました。てつたくんの背丈ほどもあって、赤と黄のきれいなしま模様をしています。もしかして、恐竜のたまご!?

　翌日、ふたりが恐竜退治に向かうと、たまごのあった場所にいたのは……赤と黄のしま模様のへんてこりんな生きもの「へなそうる」でした。

　顔はかばのようで、首はきりんくらい長くて、太いしっぽは地面までのびています。食いしん坊で、怖がりで、しかもおっちょこちょい。それに、「ぼく」のことを「ぼか」なんていうんです。

　へなそうるに乗ってぎっこんばったんしたり、へなそうるの背ですべり台をしたり（背中のとげとげは、やわらかいから大丈夫。すとすとすとっと、すべれます）。夢中で遊んでいるうちに、てつたくんもみつやくんも恐竜退治なんてけろりと忘れてしまいました。

　だって、へなそうるといると、お腹が痛くなるくらいおかしいことばっかりなんですもん。さあ、次は、何して遊ぶ？

森できみと、
うへん
うへん

もりのへなそうる

作　渡辺茂男

絵　山脇百合子

1971年　福音館書店

おおきくて、たかい　たかい　木に のぼってみたいと　おもわない？

「おおきな　おおきな　木が　あると　いいな」――かおるは窓から顔をだし、洗濯物を干しているお母さんに話しかけました。かおるの思い描いている木がどれほど素敵か、気になりませんか？

幹の太さは、家族みんなで手をつないでやっと抱えられるくらいだそう。はしごをふたつ、せっせと登ると、幹にぽっかり洞穴があいています。

その洞穴のなかにもはしごがあって、それを登ると、今度は部屋のなか。枝が分かれるところに、かおるの小屋があるんです。小屋の台所では、ホットケーキをつくれます。ホットケーキが焦げると煙がでますから、ちゃんと煙突もついています。

さらに登っていくと、いよいよてっぺん近くの見晴らし台へ。そこでは、鳥になった気分を味わえるのでした。

かおるのなかでぐんぐんのびる、大きな木。これはもちろん、かおるの空想上の冒険ですが、もしかしたら、そのうち本当になるかもしれませんよ。ほら、かおるが庭で、小さな木を育てはじめています。

おおきなきがほしい

文　佐藤さとる

絵　村上勉

1971年　偕成社

ほらあなの　なかの　はしごを、せっせと　のぼると……。
おや、いきなり　ちいさな　かわいい　へやの　なかに、
ひょっこり　はいってしまいます。
「ここはね、えだが　三《みっ》つに　わかれていて、その　えだに
まるたんぼうを　わたして、なわで　しばりつけて、その
まるたんぼうの　うえに　いたを　ならべて、くぎで　とめて、
その　いたの　うえに　ぼくの　こやを　つくってあるのさ。」
かおるの　こやの　なかには、すみっこに　だいどころが
あります。みずも　でますし、こんろも　おいてあります。
へやの　まんなかには、テーブル《てーぶる》が　一《ひと》つと、ちいさい
いすが　一つ　あります。
かおるは、ここで　ホットケーキを　やいて　たべたり
するのです
「ぼく、ホットケーキなら、ひとりで　できるんだ。」

るるこは、キリカのくびにだきつくなり、

「あたしのきりん、あたしのきりん。」

と、とびはねました。

ももいろのきりん

作　中川李枝子

絵　中川宗弥

1965年　福音館書店

るるこは、お母さんからとても大きな桃色の紙をもらいました。部屋いっぱいの紙を使って、何をつくりましょう？

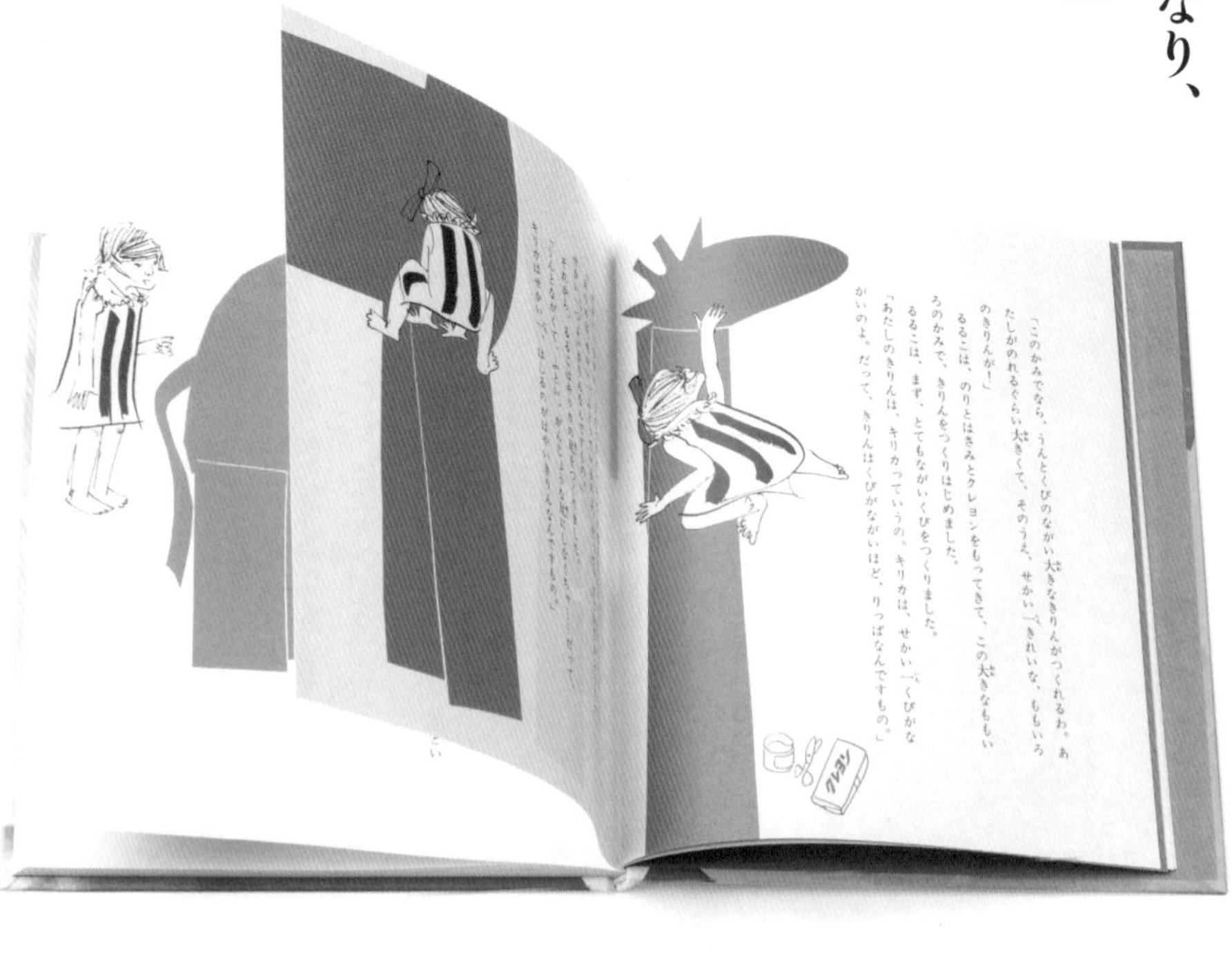

きみは
あたしの
世界一

長い首をはさみでちょきんと切りだして、頑丈な足をのりでぺたんと貼りつけて。るるこの紙工作からはじまるこの物語は、ものづくりに没頭するときの、あの静かな高ぶりに満ちています。

るるこが一生懸命つくったのは、自分よりうんと大きなきりんでした。世界一きれいで、世界一強い、桃色のきりん。名前は「キリカ」とつけました。

大きな目と大きな口を描き入れると、その瞬間、キリカが口を開けて「ぼくは、なにからなにまでせかい一で、ほんとうにうれしいよ」といいました。のりが乾くと、今度は勇ましく立ち上がり、るるこを背中に乗せて駆けまわります。るるこはもう、キリカに夢中です！

ところが、ひとつ困ったことがありました。のっぽのキリカは、るるこの部屋の天井に頭がつっかえてしまうのです。そこで、

長い首を窓からだして眠ることにしたのですが……翌朝、目が覚めると大変なことになっていました。

　夜のあいだに雨が降り、キリカはびしょ濡れ。首から上の部分だけ、桃色がはげ落ちてしまったのです。

　キリカをもとに戻してあげたいるるこは、キリカとともに「クレヨン山」を目指します。山のてっぺんには、大きな「クレヨンの木」があって、バナナほどもあるクレヨンがどっさりなっているのだそう。そこで桃色のクレヨンを見つけて、キリカの首をきれいに塗ろうというわけです。ふたりは、無事、クレヨンを手に入れることができるでしょうか――。

　自分の手でこしらえたものに命が吹きこまれるなんて、こんな素晴らしいことはありません。ものづくりが好きな人なら、るるこがキリカを溺愛する気持ち、よくわかる

んじゃないでしょうか。るるこの手から生まれたキリカは、誰が何といおうと、るるこの世界一です（ときどきケンカもしちゃうんですけどね）。

　さて、るることキリカの桃色の世界に、新たな色彩が加わろうとしています。ふたりの冒険は、あざやかな大団円へ！

「みらいのちず」って、あるのかな。
このさきのことは、まだだれも　わからない。
わからないことは　ちずにできないのかな？

ぼくはいったい　どこにいるんだ

作　ヨシタケシンスケ

2023年　ブロンズ新社

ある日、お母さんに地図を渡されておつかいにでかけた「ぼく」は、はたと気がつきます。地図さえあれば、自分が今、どこにいるのかがわかるし、どうすれば行きたい

100

自分だけの地図、手に入れよう

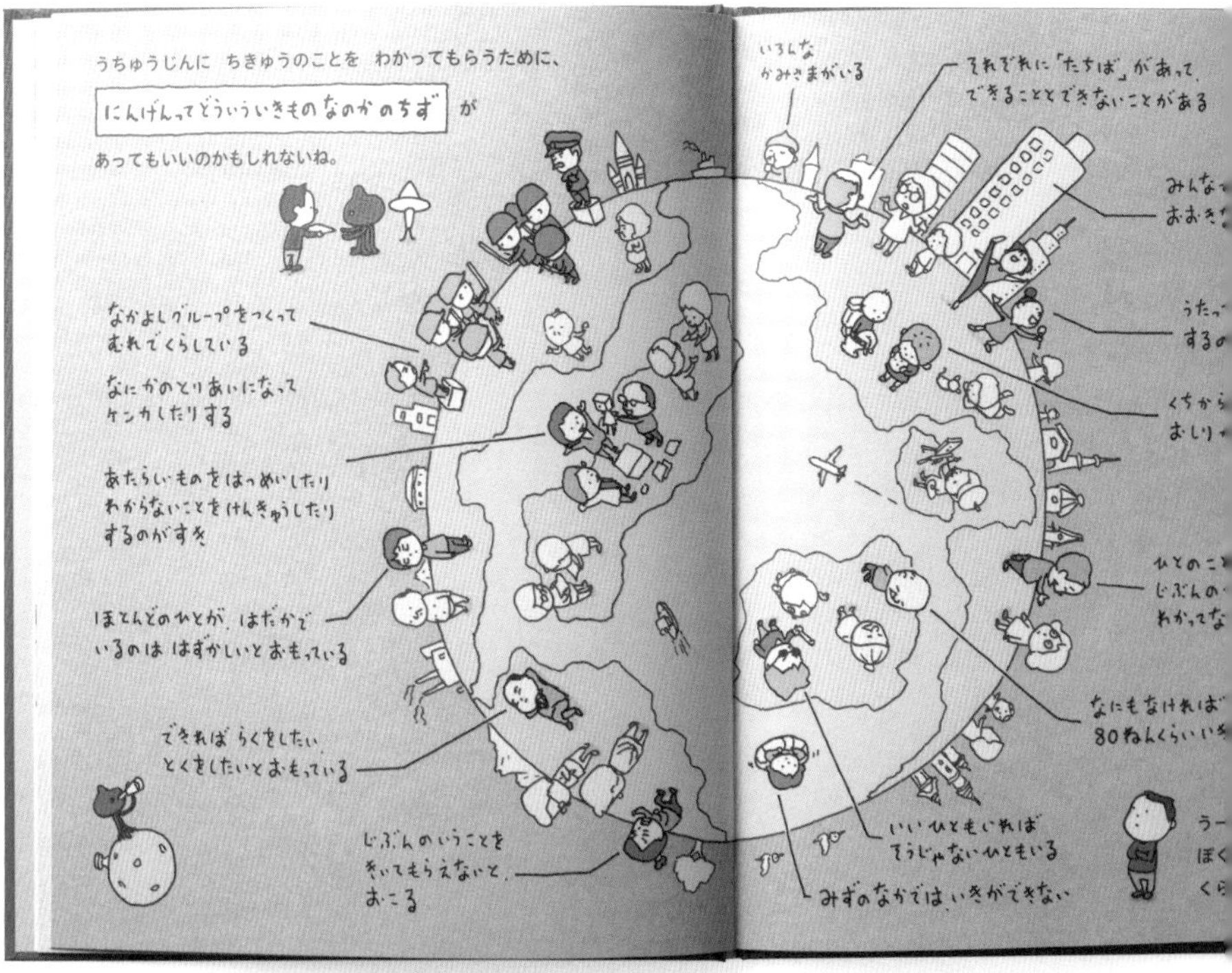

うちゅうじんに　ちきゅうのことを　わかってもらうために、
にんげんってどういういきものなのかのちず
が
あってもいいのかもしれないね。
なかよしグループをつくって
むれでくらしている
なにかのとりあいになって
ケンカしたりする
あたらしいものをはっめいしたり
わからないことをけんきゅうしたり
するのがすき
ほとんどのひとが、はだかで
いるのは はずかしいとおもっている
できれば らくをしたい
とくをしたいとおもっている
じぶんのいうことを
きいてもらえないと、
おこる
いろんな
かみさまがいる
それぞれに「たちば」があって、
できることとできないことがある
いいひともいれば
そうじゃないひともいる
みずのなかでは、いきができない

ところへ行けるのかもわかってしまう。地図って、すごい！

地図とひと口にいっても、町の地図、世界の地図、宇宙の地図……いろんなスケールの地図があります。体内の地図、機械の地図、人間関係の地図……しくみやつながりを見えるようにした地図もあります。

じゃあ、「きもちのみらいのちず」はどんなだろう？　「ぼくのみらいのちず」はこんなかな？　地図をめぐる空想はむくむくとふくらんで、「ぼく」の頭はフル回転。自分のことを地図にすればするほど、視座は高く、視野は広くなっていきます。

あなたも紙と鉛筆を用意して、自分だけの地図、つくってみませんか？　きっと、あなたにとって大事なことが見えてくるはず。それはたぶん、誰かのつくった地図では決して見えてこないもの。世界でたったひとつの地図こそ、冒険の必需品です。

少年は、家族とともに浜辺に来ています。片手に虫眼鏡、傍らには双眼鏡に顕微鏡。どうやら彼は「見る」という冒険に夢中のようです。今は、波打ち際で小さなカニを観察中。そこへ、大きな波がばしゃーんときて、全身ずぶ濡れになりました。

波が引くと、彼のそばに海草まみれの水中カメラが打ち上げられていました。落としものにしては随分古いようですし、なかのフィルムを現像してみることに。

焼き上がった写真には、驚くべき光景が写っていました。海のなかの奇々怪々な世界に目を丸くする少年。しかし、それ以上に彼の心をとらえたのは、黒髪の少女が写った最後の1枚でした。

その写真を虫眼鏡で、さらには顕微鏡で見た少年は、すっかり理解しました。このカメラがどれほど長い旅をしてきたのか。そして、自分はどうするべきなのか――。

少年は一度だけシャッターを切ると、カメラを海へ放りました。ゴールを目指すのではなく、静かに、延々と、つないでいく。そんな冒険もあるのです。

漂流物

作　デイヴィッド・ウィーズナー

2007年　BL出版

海の秘密を
知ってる
かい？

104

あら、風が　すてきな音楽を　かなでてる！

空でゴーゴー、木の上でビュービュー、すごい風が吹いています。マチルデとマーチンのきょうだいは、飛ばされないようしっかりと手をつなぎ、「風がどこからふいてくるか、みにいこう」と駆けだしました。

風のおかげで洗濯物がよく乾くとよろこぶ人、凧《たこ》が飛ばせるとはしゃぐ人。はたまた風のせいでパイプに火がつかないとイライラする人、森の木が折れてしまうと心配する人。同じ風でもそれをどう思うかは、人それぞれみたいです。

でも、花はきっと風が好きだし、雲もきっと風が好き。それに、煙突で、木の枝で、耳もとで、風が奏でる音楽は格別です。

やがて、風の言葉が聞こえたのでしょうか、マーチンが話しはじめます。東の彼方では、子馬がステップを踏みながら草原を駆けまわっているのだそう。すると、東の風が吹くんですって。じゃあ、西の風、北の風、それからあたたかな南の風はどこからやってくるのでしょう？

夢中で風を追いかけたふたりは、風の向こうに、世界のあらましを見たのでした。

かぜ

作　イブ・スパング・オルセン
訳　ひだにれいこ
2016年　亜紀書房

「すごい風！」とマチルデが　いいました。

「空でゴーゴー　ふきあれてるわ。

木のうえでも、ビュービュー　いってる。

ああ、さわがしい！

葉っぱが　いっせいに　おしゃべりをはじめたみたい。

なにをぺちゃくちゃ　いってるのかしら？

ここにくるまでに、みたことかな？」

「ぼくの風船のことじゃないかな」

おとうとのマーチンが　いいました。

「すてきだから、とってやろうって」

「ねえ、おじさん、おばさん、風はすき？」

マチルデは　みちゆく人に、たずねました。

「いいえ。こんな風、さいあくよ」ひとりの女の人が　おおごえでこたえました。

ほかの人たちは、むかい風で　息をするのもやっと。

ぼうしやふくが　とばされないようにするのに　ひっしで　こたえてくれません。

「みんな、むかい風は　きらいなのね。風むきが　かわってほしいみたい」

「ぼくもさ」とマーチン。「風船が　もどってくるかもしれないもん」

マーチンは、とおりすがりのツバメに　はなしかけましたが、
はねを　けんめいに　ばたつかせているのに、
なかなかまえに　すすめないみたいです。なにも　こたえてくれません。

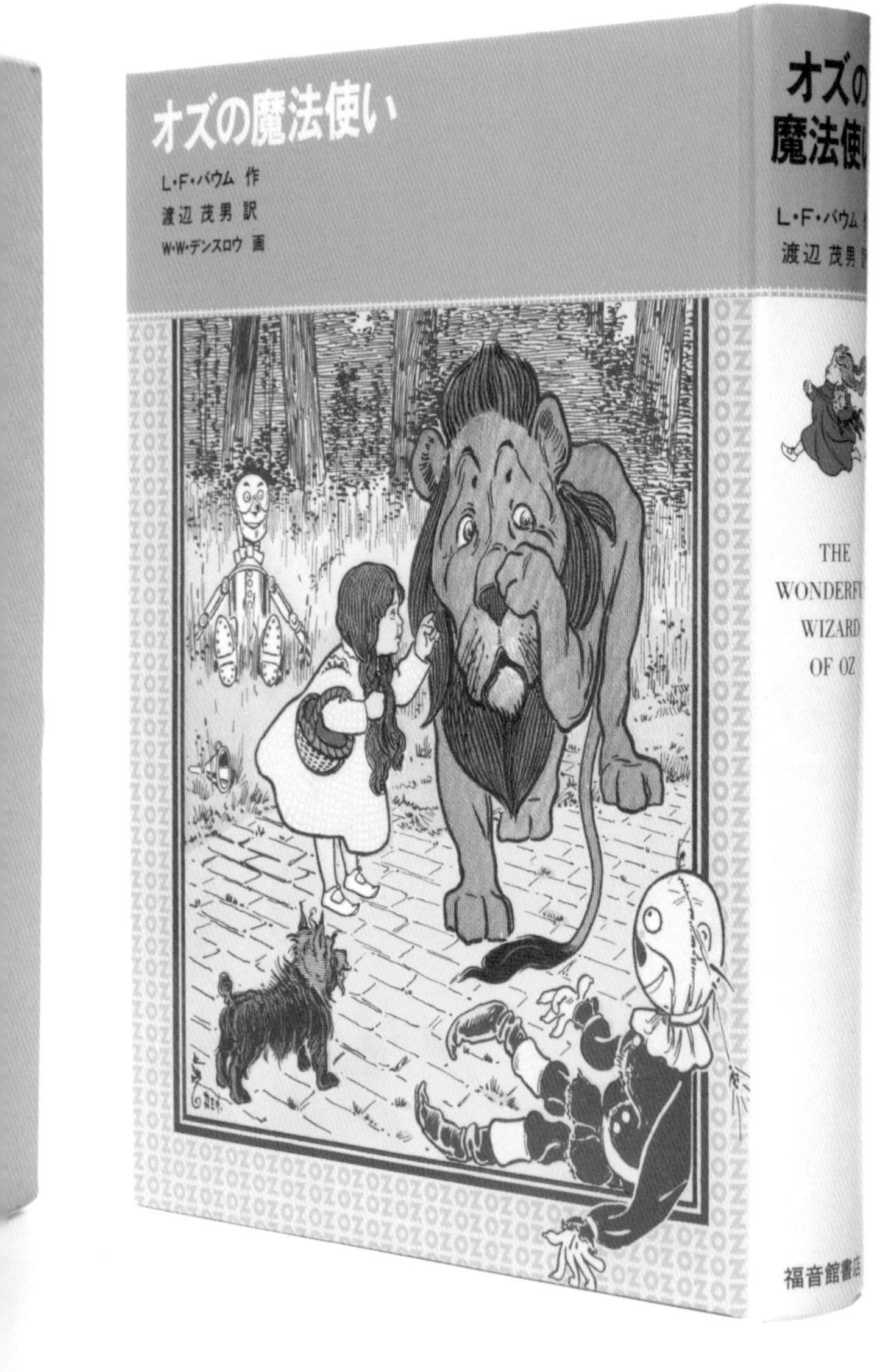

わたしたちは、何とかしてオズに会わなくっちゃ。
会えなければ、わたしたち、何しにきたかわからないもの。

不思議の
国に
舞い降りたら

アメリカ中西部、カンザスの大草原に暮らしていたドロシーは、ある日、竜巻に吹き上げられて遠い国へと飛ばされます。そこは、魔法使いのいる不思議な世界でした。

カンザスへ戻るには、大魔法使いオズを頼るしかない。そう聞いたドロシーは、オズの住む「エメラルドの都」を目指します。

道中、脳みそのないかかし、心臓のないブリキのきこり、臆病なライオンと仲間になったドロシー。珍獣に追われたり、ケシの香りに眠らされたり、悪い魔女と戦ったり。幾多の危機を夢中で乗り越え、ようやくオズのもとへ辿りつきました。

オズを前にして、一同はそれぞれにほしいものを願いでます。かかしは知恵をもたらす脳みそを、ブリキのきこりは愛を感じる心臓を、ライオンは奮い立つ勇気を、そしてドロシーはカンザスへの道を。

だけど、ほしいものって誰かに与えてもらうものでしょうか？　知恵も、愛も、勇気も、それから生きる目的も。それらを授けることができるのは、冒険そのもの――つまり、自分自身だけかもしれません。

オズの魔法使い

作　ライマン・フランク・バウム

画　ウィリアム・ウォーレス・デンスロウ

訳　渡辺茂男

1990年　福音館書店

なぜあの天使はあんなに重要に見えたのかしら？ なぜあんなに特別なのかしら？

もうすぐ12歳になるクローディアは、いわゆる優等生です。学校の成績はオール5。4人きょうだいのいちばん上で、弟たちの面倒も見ています。しかも、女の子だからという理由で、お手伝いまでしなくちゃなりません。彼女はもう、「いい子」でいることにうんざりしていました。

とうとうがまんならなくなったクローディアは、家出を決意します。とはいえ、行きあたりばったりの家出なんて、問題外。彼女は、今いる場所から逃げだすのではなく、どこか気持ちのいい場所、できればうつくしい場所へ行きたいと考えます。

そんなクローディアが一世一代の冒険の行き先に選んだのは、ニューヨークの五番街にそびえる世界最大級の美術館「メトロポリタン美術館」！ 相棒は、下から2番めの弟ジェイミーです。おこづかいを貯めこんでいる締まり屋の彼は、会計係にうってつけでした。

こうして美術館へやってきたふたりは、館内で逃亡生活をはじめます。昼は観光客にまぎれて展示品を見て歩き、夜は天蓋つきの寝台（これも展示品ですけどね）で眠ります。お風呂は、館内の噴水で水浴びを。守衛が見まわりをする危険な時間帯は、お手洗いに隠れることにしました。ふたりは、そこそこ快適で、そこそこスリリングな毎日をエンジョイしていました。

クローディアの秘密

作　E. L. カニグズバーグ

訳　松永ふみ子

1975年　岩波書店

あの天使を抱きしめたい！

そんななか、美術館に「天使の像」がやってきます。クローディアは、ひと目見たときから、その天使に惚れこみます。

新聞によると、あの天使がミケランジェロによるものかどうか、真偽が話題になっているよう。クローディアは、これぞチャンスとばかり謎解きに熱中しますが……。

何者かになりたい——そんな気持ちからはじまったクローディアの冒険は、天使に導かれるようにして幕引きへと向かっていきました。しかも、思いがけない方向へ。彼女は持ち前の賢さで、とっておきの「秘密」を手繰り寄せつつあったのです。

秘密は、人を内側から変える魔法です。いいかえるなら、心の拠《よ》りどころ、でしょうか。「何者か」になるためじゃなく、彼女が「彼女自身」になるための。

Sense of Adventure

5

ぼうけんは、ぶきなどいらない

にっこり
笑えば
大丈夫

水の　なかの　あいつに　むかって、
にっこり　わらって　みせました。
あっ、あいつも　わらった。

ぼく、ひとりでいけるよ

作　リリアン・ムーア
絵　ジョーヤ・フィアメンギ
訳　神宮輝夫
1976年　偕成社

大きくて　あかるい
まんまるな　月が　のぼりました。
「いってらっしゃい、リトル・ラクーン。」
と、おかあさんが　いいました。
「どんどん　いくと、おがわが
ひろがった　あさい　ふちが　あって、
そこに、まるきばしが　かかっています。
その　まるきばしを　わたるのよ。
ざりがにが　いちばん　とれるのは、
おがわの　むこうぎしですからね。」
リトル・ラクーンは、あかるい
月の　ひかりを　たよりに、
でかけて　いきました。
いい　きぶんでした。
だいとくいでした。
ほら、ほら、
うまれて　はじめて
ひとりっきりで、
もりを　あるいて　いきますよ。
ちょっと　あるいて
ちょっと　はしって
ときどき　スキップしています。

満月の夜、あらいぐまのリトル・ラクーンは、お母さんに小川でザリガニをとってくるよういわれました。リトル・ラクーンは小さいけれど勇敢でしたから、はじめての冒険がうれしくてたまりません。

ところが、小川の手前で会ったウサギに、水のなかには怖ーい「あいつ」がいると聞かされます。「あいつ」って、どんなやつなんでしょう？

小川に着いたリトル・ラクーンが、恐る恐る水のなかをのぞいてみると……いたい

いる！　ほんとに　なにかが　いる！
あかるい　月の　ひかりの　なかで、
なにかが　じーっと　ぼくを　みてる！
リトル・ラクーンは　こわかっているなんて
おもわれたく　ありませんでした
そこで　しかめっつらを　してやりました。
ところが　水の　なかの　あいつも、
しかめっつらを　したんです
いしわるそうな　その　かお！
リトル・ラクーンは　にげだしました。

でぶちんウサギの　まえを　ひゅーっ！
でぶちんウサギは　びっくりぎょうてん。
リトル・ラクーンは　どんどん　にげました。
おおスカンクを　みて、やっと
あんしんして　とまりました。

どうした、どうした？
と、おおスカンクが　ききました。

「水の　なかに　なにか　でっかい
やつがいて、
かわが　わたれないんだよ。」
「じゃあ、ぼくが、いっしょに
いってあげようか？
ぼくが　おいはらって　あげる。」
と、おおスカンクが　いいました。
「だめ、だめ。」
リトル・ラクーンは　あわてて　いいました。
「じぶんで　おいはらうよ。」

19

た、「あいつ」がこちらを見ています。しかめっ面をしてやると、「あいつ」もしかめっ面を返してきました。石をふり上げると、「あいつ」も石をふり上げます。棒をふり上げると、「あいつ」も棒をふり上げてきます。もう、なんてやつ！

　思わず逃げだしたリトル・ラクーンは、お母さんのもとへまっしぐら。「あいつ」のことを話すと、お母さんはすぐにピンときたみたい。次は石も棒も持たずに行って、にっこり笑ってごらんといいました。

　お母さんにいわれた通りにしたリトル・ラクーンは、にこにこ顔の「あいつ」と仲よくなって、おいしいザリガニをたくさんとることができました。

　というわけで、「あいつ」の正体、もうおわかりですよね。怖い怖いと思っている相手は、自分を映す鏡かも。あなたのまわりの「あいつ」にも、笑いかけてみる？

ぼくは めいたんてい
きえた犬のえ
マージョリー・W・シャーマット／ぶん
マーク・シーモント／え
光吉夏弥／やく
大日本図書

名探偵は
じりじり
迫る

ぼくは めいたんていの ネートです。
しごとは いつも、ひとりで します。

ちょうど朝ごはんのパンケーキを食べ終えたとき、少年探偵ネートの家の電話が鳴りました。仲よしのアニーから、消えた犬の絵を探してほしいとの依頼です。

「そこを うごいては いけない。なんにも さわらずに、じっとして いるんだ」といって電話を切ると、トレンチコートに身を包み、鹿撃ち帽をかぶったネートは、探偵らしく「きりっ」と出動。おっと、ママへの置き手紙も忘れてはいけません。

　現場に到着すると、まずはアニーの話をよく聞いて、絵のあった部屋をくまなく捜索します。それから関係者（絵のモデルで、アニーの犬のファングです）と面談し、パンケーキでちょいと腹ごしらえをして、そこからさらに調査網を広げました。ネートの探偵ぶりは、なかなかどうして本格的でしょ？

　ネートには、奇抜な魔法も秘密の道具も必要ありません。頭と足と経験でもって、解けそうで解けない謎にじりじり迫り、ハッピーエンドへと導きます。とびきりクールで、ときどきお茶目な名探偵とともに、知的な冒険を体験してみて。

ぼくはめいたんてい
きえた犬のえ
文　マージョリー・ワインマン・シャーマット
絵　マーク・シーモント
訳　光吉夏弥
2014年　大日本図書

のこされた　みちは、ただ　ひとつです。
ジョニーくんは、じぶんでやる、といいました。

ちみち、こぐまは、ジョニーくんの　ポケット
かえでさとうの　かたまりを、ぜんぶ　たべて
22

くたつと、もっと　ひどいことに、くまは、
の　なやに　たくわえてあった　かえでの
のんでしまいました。まるで、ひまさえ
たべているみたいな　くまは、みるみる
おおきな　くまになりました。
44

おおきくなりすぎたくま

文・画　リンド・ワード
訳　渡辺茂男
1985年　ほるぷ出版

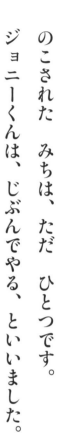

狩る側の覚悟はあるか？

いつか、大きなくまをしとめたい。ジョニーくんは、そんな野望を抱いていました。ある日、森へ狩りにでかけたジョニーくんの前に、待ちに待ったくまが現れます。しかしそれは、くまはくまでも、こぐまでした。あんまりかわいらしくって、しとめるなんてとんでもない！　思わずこぐまを抱っこしたジョニーくんは、そのまま家へ連れ帰り、育てはじめます。

こぐまはよく食べ、すくすく成長しました。けれど、巨体となったくまは、次第に村の畑や食料庫を荒らすようになります。くまが人里で暮らすのは、やはり無理だったのです。

厄介者となったくまは、森へかえさねばなりません。ところが、ジョニーくんが何度森の奥深くに置いてきても、くまは村へ戻ってきてしまうのでした。

命をあずかることに、中途半端は許されません。残された道は、ひとつしかないように思われました。ジョニーくんは「じぶんでやる」といって、震える手で鉄砲に弾をこめようとします。彼は引き金を引くことになるのでしょうか……それとも？

カスパールは、こんご、なにをするにも、できるだけばかなふりをしようと、心にきめていました。

大どろぼうホッツェンプロッツ

作　オトフリート・プロイスラー

画　フランツ・ヨーゼフ・トリップ

訳　中村浩三

1966年　偕成社

おばあさんの大切な「コーヒーひき」が盗まれた！　犯人は、黒いひげをもじゃもじゃ生やした、かぎ鼻の男。毎日のように新聞をにぎわせ、警察も手を焼いている大泥棒ホッツェンプロッツです。

118

悪党どもと
知恵
くらべ

「そりゃ、ちょっといえないよ。ためしてみなくちゃ。いっとういいのは、ぼくたちが、べつべつにいくことだ。」

「よし、ゼッペル。きみ、右《みぎ》と左《ひだり》のどっちにする？」

「くじできめよう！」

「よしきた！」

カスパールとゼッペルは、お金《かね》のうらおもてで、きめることにしました。

ゼッペルがお金《かね》をなげると、二どおもてがでて、一どうらがでました。

そこで、きめたとおりに、ゼッペルが左《ひだり》にいくことになったのです。

「うまくやれよ、気《き》をつけてな、ゼッペル！」

「うん、カスパール。ぼく、いっしょうけんめいやるよ。きみもうまくね！」


稀代《きだい》の悪党をつかまえようと立ち上がったのは、少年カスパールとゼッペルでした。だけど、泥棒はピストルとサーベル、それに7本もの短刀で武装しています。一方、ふたりの少年にあるのは知恵と勇気だけ。罠《わな》をしかけて隠れ家をあばこうとしますが、泥棒だってまぬけじゃありません。

ただでさえきびしいこの戦いに、悪党仲間の大魔法使いツワッケルマンも加わって、事態はしっちゃかめっちゃかです。カスパール（に変装したゼッペル）は泥棒の隠れ家に、ゼッペル（に変装したカスパール）は魔法使いの館に囚われてしまいました。

切れ者のカスパールは「バカのふり」で悪党どもを油断させ、絶体絶命からの突破口を探りますが……。

おばあさん思いの少年たちVS妙に人間くさい悪党どもの、奇想天外な知恵くらべの結末は？

皮ぶくろにはシオとほしザケ。こしにはロープ。
このなげなわで、ガムリイの、
ひんまがったツノを、ひっぱってやるよ。

トナカイ皮の服とトナカイ皮の靴がよく似合うカムは、とびきり元気な男の子。病に伏したお母さんのため、どんな病気も治すというイノチノクサを採りにいこうと決心します。ただし、イノチノクサは、「火の山」にしか生えていません。

火の山は、1年中、白い雪をいただく大きな山です。そのてっぺんには巨大な鬼ガムリイがいて、夜な夜な海のクジラをつまみ上げては、火にあぶって食っているとか。

でも、怖いもの知らずのカムは、そんな鬼など恐れません。トナカイのプルガに乗って、意気揚々と出発しました。

カムには鉄砲も弓矢もなく、腰にロープが1本あるっきり。だけど、武器より頼もしい味方がいます。幼いころから一緒に育ったプルガはもちろん、道々出会ったジネズミ、それから金ピカの大クマや大ワシも。カムに会った者はみな、勇ましく、正直で、心やさしいカムがたちまち大好きになり、気持ちよく助けてくれるのでした。

みんなで力を合わせて鬼をやっつけたら、次は北の海へ。カムの冒険はつづきます。

ちびっこカムのぼうけん

作　神沢利子

絵　山田三郎

1999年　理論社

120

カムチャッカの
小さな
勇者

ぼくからすれば、
人はだれもが同じ「人間」なんですけどね……。

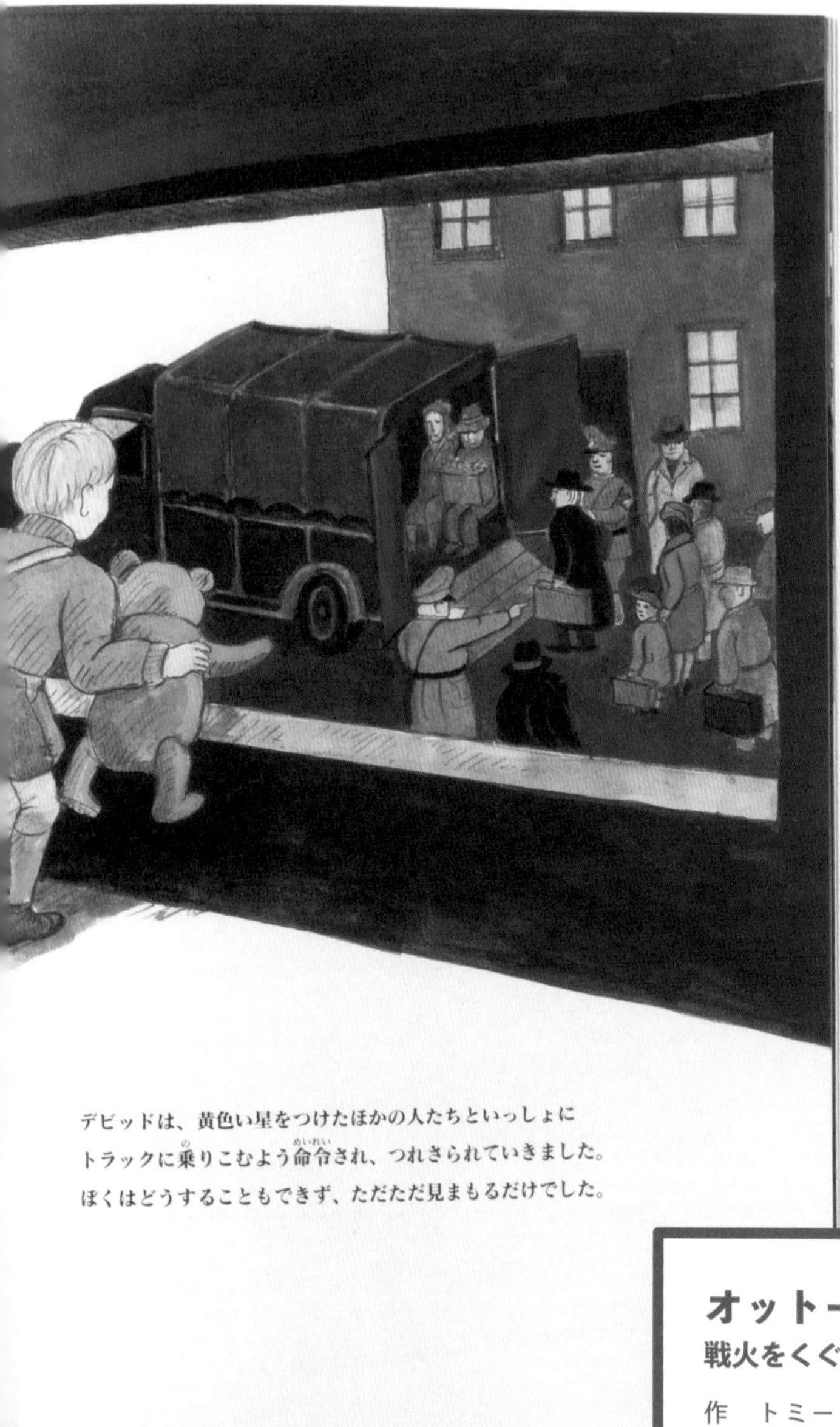
デビッドは、黄色い星をつけたほかの人たちといっしょに
トラックに乗《の》りこむよう命令《めいれい》され、つれさられていきました。
ぼくはどうすることもできず、ただただ見まもるだけでした。

オットー
戦火をくぐったテディベア
作　トミー・ウンゲラー
訳　鏡哲生
2004年　評論社

老テディベアの
悲しい
独白

ほどなく、黒いコートや軍服《ぐんふく》を着《き》たおおぜいの男たちが、ものすごいいきおいで階段《かいだん》をのぼってきて、家の前のおどり場をうめつくしました。男たちは、デビッドと、デビッドの両親《りょうしん》をひったてました。デビッドは、これが永遠《えいえん》の別《わか》れであるかのように言いました。

「オットー、オスカーのこと、よろしくたのんだよ。」

ここはアメリカのとある町。テディベアのオットーは、骨董屋《こっとうや》のショーウィンドウに、もう何年も飾られています。顔には大きな染みがあり、あちこちつぎはぎだらけ。胸には痛々しい傷もあります。「ぼくもずいぶん年をとったもんだ……」――オットーは、しみじみ昔を懐かしんでいました。

オットーが生まれたのは、ドイツの小さな工場です。針と糸で彼を縫い合わせてくれた人は、「じょうでき」といって、それは満足そうでした。そうして箱につめられたオットーは、デビッドという男の子の誕生日プレゼントになりました。

デビッドとオットー、それからアパートの同じ階に住むオスカーの3人は、四六時中一緒でした。おばけに扮《ふん》して下の階のご夫人をびっくりさせるなど、愉快ないたずらに明けくれたものです。でも、そんな素敵な日々は、長くはつづきませんでした。

ぼくはドイツにある小さな工場で生まれました。
体に針が通され、ぬいあわされたときの感じは今でもおぼえています。
ガラスの目を通して、はじめて目にした人間はおとなの女の人でした。
その人はぼくを高く持ち上げると、こう言いました。
「じょうでき、なんてかわいい子なんでしょう！」
女の人は、ぼくを紙につつみ、箱につめました。
ある日、箱の外から人の話し声が
聞こえてきました。つづいて、がさごそ箱を
あける音。とつぜん、箱のなかに光がさしこみました。目の前には、
男の子のびっくりした顔がありました。あとで、男の子の名前はデビッドと言い、
ぼくはデビッドへの誕生日プレゼントだったことがわかりました。

あるときから、デビッドが「ユダヤ人」と書かれた黄色い星を身につけることになったのです。ほどなくして、軍服姿の人たちがデビッドと彼の両親をどこかへ連れていきました。取り残されたオットーは、オスカーに託されます。

　そんななか、今度はオットーの暮らす町が戦場となり、爆弾が落とされました。吹き飛ばされたオットーは、オスカーともはぐれ、気づけば瓦礫《がれき》の上。偶然通りかかったアメリカ兵に拾われますが、その瞬間、銃弾がオットーの胸を貫いて……。

　決していいことばかりではなかった冒険をへて、オットーは今、こうして骨董屋に並んでいる、というわけです。オットーから見れば、星をつけていようがいまいが、みな同じ人間です。それなのに、なぜ「ちがう」というのでしょう? あっち側にもこっち側にもやさしい人たちがいるのに、どうして武器を向け合うのでしょう?

　世界にはびこる理不尽が、オットーにはさっぱり理解できません。オットーの願いは、大好きな人とともに、平凡に生きること。ただ、それだけなのに。

　さて、ひとりの老紳士がショーウィンドウの前に立ち尽くしています。目を皿のようにしてオットーを見つめるその人は、誰でしょうか。オットーのささやかな願いが、どうか叶いますように。

「そらいろ男爵」の趣味は、自分でつくった空色の飛行機に乗って、鳥を眺めること。けれど、お国が戦争をはじめてしまいました。自慢の飛行機を迷彩色に塗りかえて、男爵も、やむなく戦場へと向かいます。

しかし、男爵には、飛行機はあっても砲弾はありません。そこで、砲弾の代わりに本を落とすことにしました。本なら、書棚にたくさんありましたから。

すると、落ちてきた小説を読みはじめた敵の隊長が、戦いをストップしたではありませんか。隊長は、その小説があんまりおもしろくて、夜通し読んでいたのです。

気をよくした男爵は、本を落としつづけます。冒険談を落とすと、兵士たちは地面にぺたんと腰を下ろし、銃を置きました。天文学の本を落とすと、今度は星ばかり見上げるようになりました。詩が、思想が、料理のレシピが、戦場に降りそそぎます。

そして男爵の妙案が決定打となり、ついに戦争が終わりました！　砲弾は人も街も傷つけるだけでしたが、本は人の心を動かして、敵と味方をひとつにしたのです。

そらいろ男爵

文　ジル・ボム

絵　ティエリー・デデュー

訳　中島さおり

2015年　主婦の友社

126

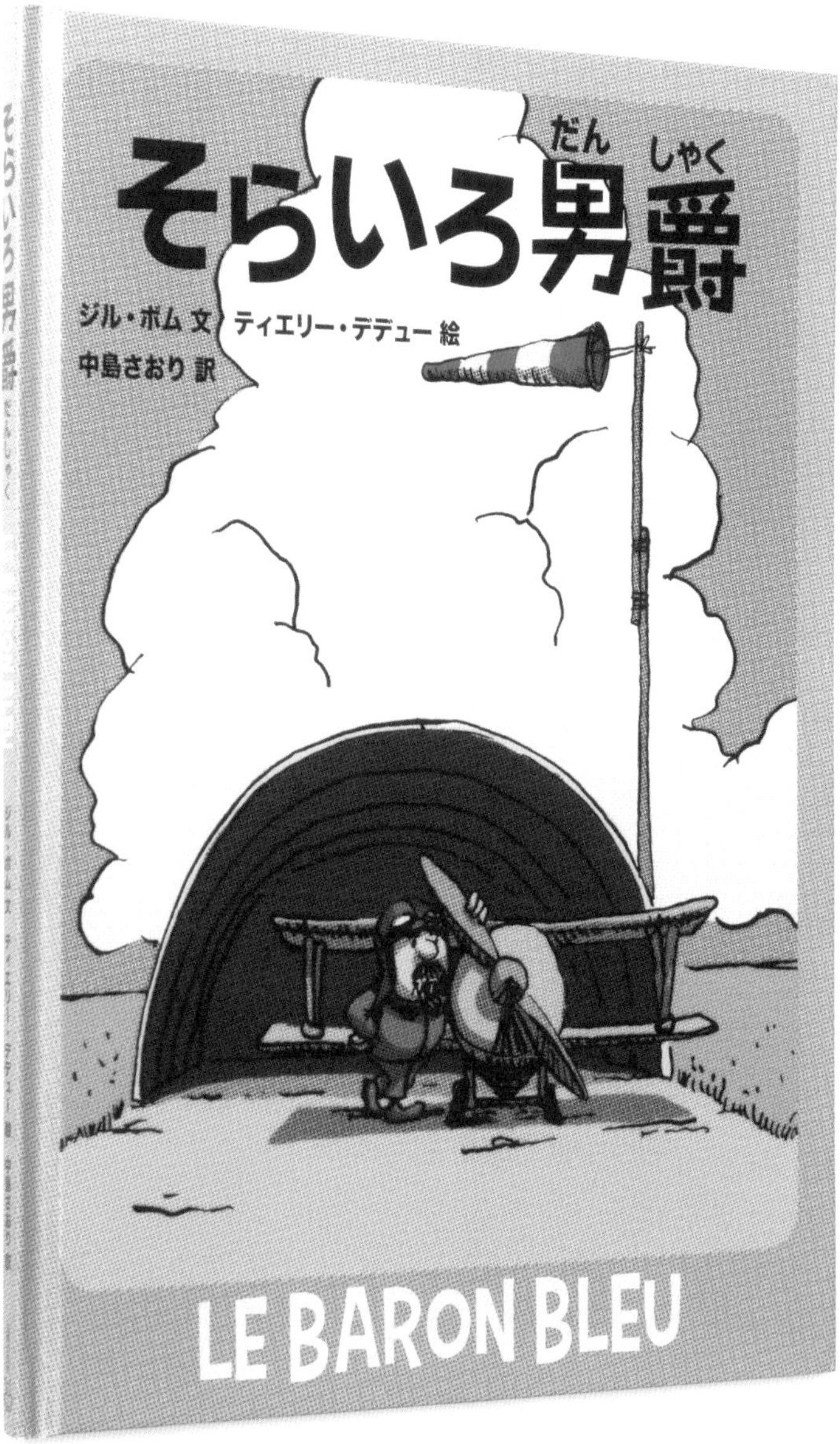
そらいろ男《だん》爵《しゃく》
ジル・ボム 文 ティエリー・デデュー 絵
中島さおり 訳
LE BARON BLEU

ぼくらがどこからきたか、それは金や銀より、
もちろん宝石よりもだいじだ。

図書館がばくはつしたとき、
本はみんなこっぱみじんになった。
ページのかけらがひらひらと空に
まいあがって、ふぶきのようだった。
人びとは、おもわずたちどまり、
手をのばして言葉のかけらを
つかみとろうとした。
こなごなにならなかったのは一冊だけ。
ピーターのおとうさんが図書館から
かりていた本がのこったのだ。
おとうさんがだいじに、なんども
よんでいた、赤いひょうしの本。

つぎの日、みんなは、まちからおいだされた。
おとうさんとピーターも、でていかなければならなかった。
てきは、みんなの家につぎつぎと火をつけて、
そのけむりが、空たかくのぼっていった。

父と子が守りたかった1冊

その日、ピーターの町の図書館に、敵の爆弾が落とされました。図書館の本はみな、こっぱみじん。ページは切れぎれとなり、言葉のかけらがはらはらと宙を舞いました。残ったのは、ピーターのお父さんが借りていた1冊だけです。

　町を焼けだされたピーターとお父さんは、本をたずさえて歩きつづけました。しかし、飢えと寒さのなか、お父さんは途中で息絶えてしまいます。お父さんの遺志をつぎ、本を運ぶピーター。彼は、最後の1冊を守り抜くことができるでしょうか？

　父と子が未来へ届けようとしたのは、ただの紙の束ではありません。その本には、彼らの来し方、すなわち民族のルーツが記されていたのです。戦争という暴力が、いかにわたしたちの暮らしを、歴史を、そして誇りをも、ずたずたに破壊するか――そのあまりのあっけなさに呆然《ぼうぜん》とします。

　ピーターと本の数奇な冒険が浮き彫りにするのは、戦争の虚無です。希望を感じるラストシーンに胸をなで下ろしつつも、わたしたちは、その黒々とした虚《うつ》ろから目をそらしてはならないのだと思います。

この本をかくして

文　マーガレット・ワイルド
絵　フレヤ・ブラックウッド
訳　アーサー・ビナード
2017年　岩崎書店

ぼくは英雄になりたくないし、今のままでじゅうぶんなんだ。
英雄だってじまんしたがるのは、本当は弱い人間なんだ。

130

「バイキング」を知っていますか？今から千年ほど昔、スウェーデンやデンマーク、ノルウェーなどを住処《すみか》とし、船で各地へ遠征しては、町や村を襲った海賊です。剣や斧《おの》をふりまわし、力づくで財宝を奪っていく彼らを、人々は恐れていました。

ビッケは、そんなバイキングの一族に生まれた男の子。しかも、お父さんのハルバルは族長で、槍に秀でた戦士です。

お父さんはビッケが勇気ある少年になることを願っていますが、ビッケは怖がりで、ケンカなんて好きじゃありません。殴り合えば痛いし、鼻血がでますからね。

そんなビッケが、お父さんの率いる遠征についていくことになりました。血気盛ん

戦いなんて、好きじゃない

なバイキングたちは、財宝をたんまり持ち帰ろうと勇み足。とある町に到着した途端、さしたる作戦もないままに、いちばん大きな家に襲いかかっていきました。

　ビッケはというと、恐怖で歯をカチカチ鳴らしながら、最後尾を走るのがやっと。ところが、襲いかかった家には罠がしかけられていました。あわれ、バイキングたちは武器を奪われ、囚われの身に。

　さあ、丸腰になったここからが、ビッケの本領発揮です！まずは、ふところに忍ばせていたノコギリエイで、みんなを閉じこめている扉をこじあけます。番兵たちをかわしたら（バイキングたちは「ぶっ殺してやろうぜ」といいましたが、ビッケが猛反対しました）、脱出成功。おまけに、ノコギリエイを切り札に敵の領主と交渉し、財宝まで手に入れてしまいました。

　ピンチのたびに、思いがけないひらめきで仲間を救ってくれる知恵者のビッケを、バイキングたちは「英雄だ」とほめそやします。でも、「ぼくは、英雄なんかじゃない」とビッケ。武勇と財宝がすべてのバイキングたちには、ビッケの気持ちが理解できません。それでも、今やみんな、ビッケを心から頼りにしているのでした。

　小さくて、臆病で、冒険のたびにびくびくしちゃう。戦うためじゃなくて、戦いを避けるために知恵をしぼりつづけてる。こんなちょっと変わったバイキングがいたって、いいよね？

小さなバイキング ビッケ
作　ルーネル・ヨンソン
絵　エーヴェット・カールソン
訳　石渡利康
2011年　評論社

あの春、われらがロボットは、
実に生き生きとして野生的だった。

嵐の夜、貨物船から投げだされた荷箱が無人島へ流れつきました。中身は新品のロボットです。ラッコのいたずらで偶然起動し、内側から箱を割ってでてきました。これが、人工生命ロズ、誕生の瞬間です。

野生のロボット

作・絵　ピーター・ブラウン

訳　前沢明枝

2018年　福音館書店

132

ロボットが「野生」を学習したら

大自然のなかに突如として現れたロズは、完全なる異物でした。島の動物たちはロズを「怪物」と呼び、恐れます。だけど、ロズが動物たちを傷つけることはありません。ロズは、暴力をふるわないようにプログラムされていたのです。

ロズにできるのは、コンピューター頭脳で学習すること。動物たちの言葉を習得したロズは、彼らの生態をつぶさに観察し、島で生きるための術《すべ》を身につけます。

そんななか、ロズがガンのひなを育てることになりました。子育てに奮闘する姿に、動物たちも次第に心を開きはじめます。少しずつ野生を身につけたロズは、島の一員になれるでしょうか？

あたたかくもせつないロズの冒険物語は、自然と科学の共存、AIとのつきあいかた、家族のかたちの多様化など、現代社会が抱えるさまざまな課題をはらんでいます。

第三四章　母親

ほかのガンの子たちと同じように、キラリはいつも母親の後をついて歩いた。よちよちとゆっくり。ロズはめったに急《いそ》ぐ必要もないから、いっしょに森や沼《ぬま》のまわりをぶらぶらした。でも、庭ですごす時間が一番長かった。ごらんのとおり、庭はすっかりととのった。世話がゆきとどき、さまざまな色や味やかおりでいっぱいだ。ロズが植物を育てるように設計《せっけい》されているのは明らかだった。

「まあ、ロズ、ほんとうによく働《はたら》いたわね！」キャラメルは、家族といっしょにみごとに育った庭の植物を食べながら言った。「かがやくように美しい庭だわ。わたしたちもちょくちょくよらせてもらいますね」

その言葉どおり、シカの一家――キャラメルとツノオウ、それに子どものヤナギ、アザミ、オガワ――は、毎日、夜が明けるころにやってきた。キラリの巣にいても一家の足音がきこえ

Sense of Adventure

6

ぼうけんは、うつくしい

やまは　やっぱり　そこにいて
きは　やっぱり　ここにいる
だから　ぼくは　ここがすき

あさになったので
まどをあけますよ

作・絵　荒井良二
2011年　偕成社

やまは やっぱり そこにいて
きは やっぱり ここにいる
だから ぼくは ここがすき

きみのまちは はれてる
あさになったので
まどをあけますよ
Story and pictures by Arai Ryoji
荒井良二
あさになったので まどをあけますよ
Story and pictures by Arai Ryoji
荒井良二
偕成社

朝になりました。地球のあちらこちらで、子どもたちが窓を開けます。

朝日を浴びて輝く山、空を映して流れる川、早起きな人々が行き交う街。目の前に広がるのは、それぞれが暮らす場所のいつもの景色です。どれもみんなうつくしく、どれもみんな素晴らしい。そして、どれもみんな、誰かの愛する「ここ」なのです。

窓の向こうのあざやかな世界に出会うたび、朝のにおいがふわんと鼻腔《びこう》をくすぐって、わたしたちの心もすーっと解き放たれていくかのよう。

だけど、いくつもの朝をめぐるうち、ふと思うのです。昨日と同じ景色がそこにあるのは、決して当たり前じゃないということを。今日もここにいて、昨日のつづきを生きる――それだけでもう奇跡のような冒険で、そんな奇跡の連続を「日常」と呼ぶのでしょう。

東日本大震災の年に描かれたこの絵本は、日常を生きることのよろこびに満ちあふれています。さあ、新しい「今日」のはじまりに、あなたも窓を大きく開けて。どんな景色が見えますか？

138

女の子は、ひとりぼっちでした。家に誰もいないわけじゃありません。すぐそこに家族がいるのに、ひとりなんです。お母さんは電話中、お父さんは仕事中、お姉ちゃんもちっとも相手をしてくれなくて、みんなといるのにさびしくてたまりません。

ふいに、床に転がる赤いマーカーが目に入りました。手に取って、部屋の壁に扉を描いてみます。すると、赤い扉がそこに現れました。ノブをまわすと、開きます。そのマーカーで描いたものは、そっくりそのまま、本当になるのです！

ここから、めくるめく冒険のはじまりです。扉の向こうへ駆けだした女の子は、ボートを描いて川を進み、気球を描いて空に浮か

その冒険は
ペン先から
はじまった

ジャーニー
女の子とまほうのマーカー

作　アーロン・ベッカー
2013年　講談社

び、魔法のマーカーとともに縦横無尽に飛びまわります。その雄大なスケール、幻想的な風景、矢のような疾走感に、息をするのも忘れてしまいそう。

　冒険の終わりに女の子を待っているのは、何でしょう？　それはたぶん、彼女がいちばんほしかったもの。ヒントは、物語の最初にもう描かれています。

しろうまさん、きりのなかで　おぼれないかしら？

のいえに　たどりつきました。
んども　よんだのに！
っていたんだよ。
」
こして……
星を　かぞえるのさ？
くて　きれいな　のいちご……」
も　しゃべりつづけました。

薄群青の空に星が瞬きはじめました。はりねずみは、こぐまの家へと向かっています。今夜はふたりでお茶を飲みながら、星を数えるつもりです。

「おやっ？」——はりねずみの足が止まりました。霧のけぶる森のなかに、白い馬の

きりのなかのはりねずみ

作　ユーリー・ノルシュテイン
　　セルゲイ・コズロフ
絵　フランチェスカ・ヤールブソワ
訳　児島宏子
2000年　福音館書店

霧の夜の不思議なできごと

姿がぼうっと浮かんでいます。えもいわれぬうつくしい光景に、吸いこまれるように近づくと……すっかり道に迷ってしまいました。しかも、手に持っていたはずの包みがいつのまにやらなくなっています。あの包みには、こぐまの大好物の、野いちごのはちみつ煮が入っているのに！

　はりねずみの一夜の冒険は、うつくしいものとの邂逅《かいこう》であり、恐ろしいものとの接近です。一寸先すら見えない世界をさまよいながら、心が折れそうになったり、気を取り直したり。誰かに助けられたり、助けられなかったり。人生そのものみたいな道のりをへて、ようよう霧を抜けだします。

　思わぬ冒険の余韻に、放心状態のはりねずみ。その粟《あわ》立つ心をしずめてくれたのは、熱いお茶と、こぐまのたわいないおしゃべりでした。

まよなか　ひは　よわくなって
あかい　ほうせきのように　なりました

赤い宝石が
くれた
魔法

ダーラナは旅の途中。長い道を歩いてきて、今ひとり、夕暮れの海辺に佇んでいます。すると、「ダーラナ　ダーラナ　すこしやすんでごらん」とささやく声がしました。ダーラナには、太陽や波の声が聞こえるのです。

浜に流れついた枝を集めて、焚《た》き火のしたくをするダーラナ。マッチがなくて困っていると、夕日の最後のひとかけがはじけて、小さな火になりました。ダーラナは、今にも消えそうなその火を一生懸命育てます。火は少しずつ大きくなり、やがてパチパチと音を立てはじめました。

宵闇に揺れる赤い宝石のような炎を見るうちに、ダーラナのなかにうつくしい景色が広がります。それは、明るくて、あたたかくて、懐かしい場所でした――。

火は、魔法のようです。じっと見つめているだけで、わたしたちの魂をぬくめ、奥深くに沈殿している記憶を照らし、再び立ち上がる力を与えてくれます。

ダーラナも、夜明けとともに頭をもたげます。「もう　いかなくちゃ」とつぶやいて、暁のなかを歩きだしました。

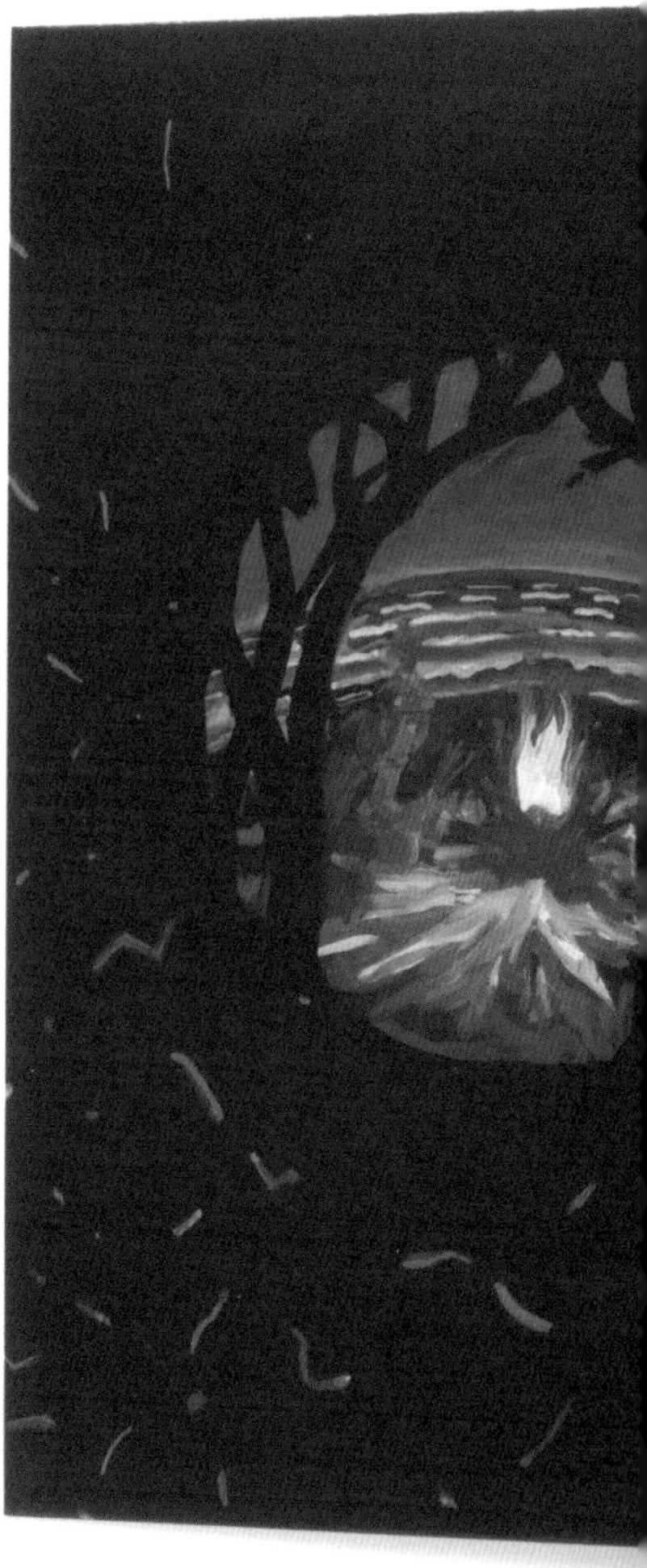

ダーラナのひ

作　nakaban

2021年　偕成社

おかに　かけあがった　きたきつねは、
おもわず　めを　まんまるにして、いきを　のみました。

ここは北海道、静寂に包まれた冬の山です。くまもりすも、みんな穴のなかで冬眠中。漆黒の空には月が輝き、白い雪の上には木々の長い影がのびています。

そこへ、かすかな足音がしました。きたきつねです。お腹をすかせているのでしょうか。雪うさぎを追って、丘のてっぺんへと駆け上がります。すると、丘の向こうに不思議な森が広がっていました。

凍りついた木々が、月の光を浴びて白銀に輝いています。その輝きのなか、さまざまな像が浮かんでは消えてゆきます。天翔《かけ》る獣、空を舞う鳥、まるで生きもののように変幻する森に、きたきつねは目を丸くするばかりです。

やがて、きつねの親子の姿が浮かび上がりました。やさしかったお母さん、一緒に遊んだきょうだいたち……。きたきつねは、いつしか子ぎつねだったころを思いだしていました。

北の森の刹那の光景は、郷愁が見せた幻か、それとも新しい家族の予感だったのか。朝日がのぼると、雪原の彼方に、もう1匹のきたきつねが姿を現しました。

きたきつねのゆめ

絵・文　手島圭三郎

2015年　絵本塾出版

北の森の
月夜の
神秘

ますます　つめたく　かがやいて、もりの　くうきも　こおって　ゆくようでした。
きたきつねは、ふるえました。そのとき、

すあなから　はじめて　そとへ　でた　ひは、あたたかい　はるの　かぜが　ふき、
たんぽぽの　はなが、いちめんに　さいて　いました。
きたきつねは、まだ　ちいさな　こぎつねでした。
おかあさんの　おいしい　おちちを、おなかいっぱい　のみました。

見わたすかぎりの原野に
ぽつんと　おまえがいるだけで
風景は　なんだか　もう　いっぱいだ

クマよ

文・写真　星野道夫
1998年　福音館書店

あぁ、
おまえに
ふれてみたい

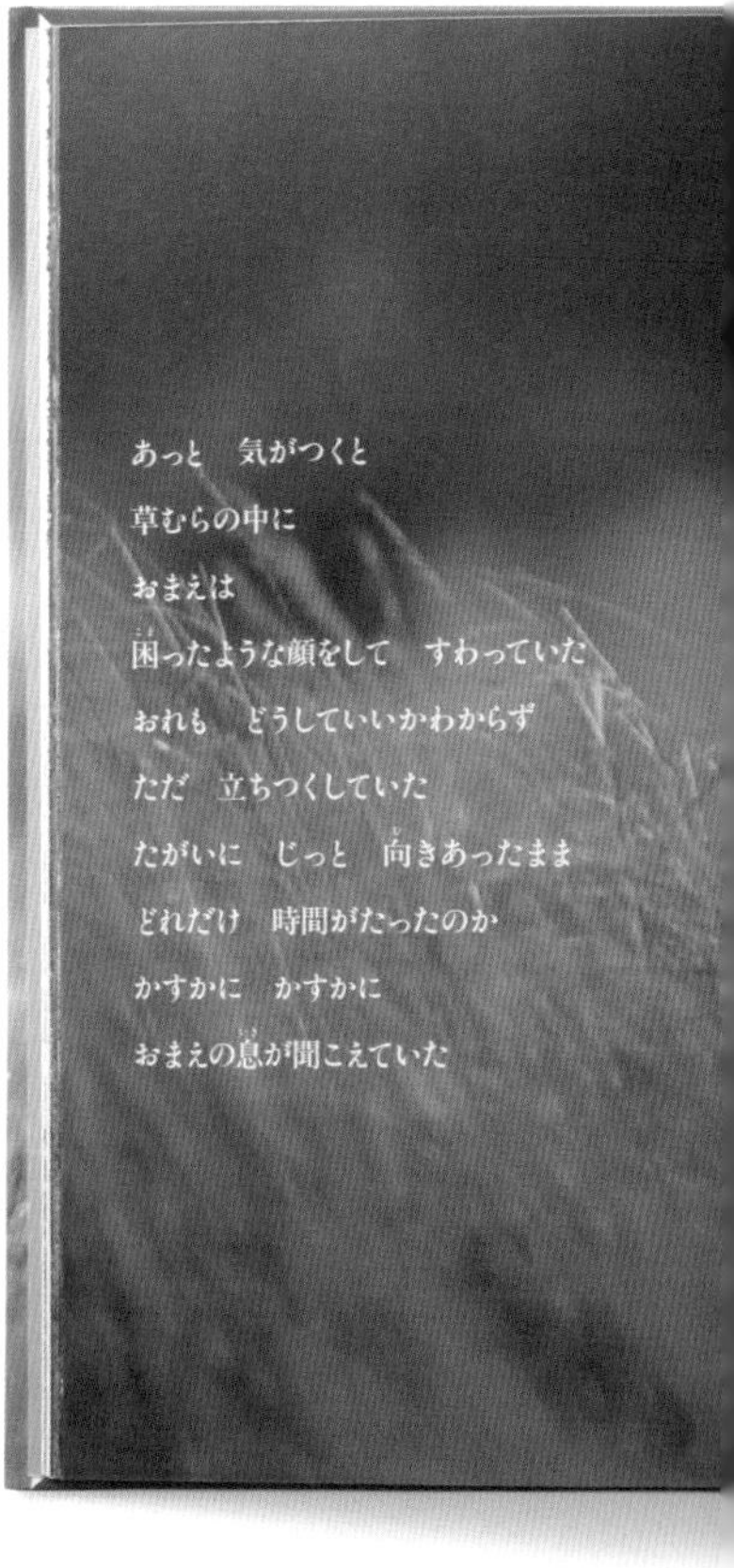

あっと　気がつくと
草むらの中に
おまえは
困ったような顔をして　すわっていた
おれも　どうしていいかわからず
ただ　立ちつくしていた
たがいに　じっと　向きあったまま
どれだけ　時間がたったのか
かすかに　かすかに
おまえの息が聞こえていた

「いつか　おまえに　会いたかった」――「おまえ」とは、野生のクマのことです。雪解けの原野をぽつんと行くおまえ、草原で子と戯れるおまえ、赤い実におしりを染めるおまえ。姿の見えない冬ですら、おまえの気配に耳をすます……。

北の果て、アラスカに生きるクマたちは、わたしたちが幼いころに愛したぬいぐるみとも、懐かしい物語にでてきた愉快な主人公とも、同じクマでもまったく違った表情をしています。生態系の頂点に君臨する、抗うことのできない存在。これは、その神々しくも生々しい、むきだしの命の姿を収めた写真絵本です。

狩って、食って、産んで、育てて、土に帰《き》す。泰然と生きるクマたちの姿を見ていると、どういうわけか胸が掻きむしられます。この煩悶《はんもん》は、決して手が届かないものへの畏怖の念でしょうか。あるいは、人がこんなにも自然から乖離《かいり》してしまったことへの悔恨の味でしょうか。

わたしたちがこうしている瞬間も、クマたちは命の力をたぎらせて、あの圧倒的な風景のなかにいます。

そのちいさな島は、大きな海のまなかにぽつんとありました。少しの木々と少しの草花のほかは目につくものもなく、寄せては返す波が、島を縁取る岩群《いわむら》を静かに洗っていました。

　こんなふうに、遠目には「何もない」ように見える島ですが、そのふところに入るとがらりと印象が変わります。例えば草むらのなかでは、クモたちが優美なレースのような巣をせっせと編んでいます。例えば岩棚の陰では、ロブスターたちが脱皮して、新しい殻が硬くなるのを待っています。ちいさな島は、そこに憩う生きものたちを育む大きな揺りかごだったのです。

　さて、ある日、白い帆のヨットに乗って1匹のこねこが島へやってきました。知りたがりのこねこは、何かを発見したくてうずうずしているみたい。早速、島のあちこちをうろつくと……「なんて ちっぽけなところだ」といいました。大きな世界からぷつんと切り離されて海に浮かんでいるなんて、4本の足でちゃんと世界につながっている自分とは大違いだ、というわけです。

　こねこがしたように、自分の目で確かめるのは大事なこと。だけど、目に映るものだけがすべてでしょうか？　遠くからも近くからも見えないものを見るには、深みへと思いを馳せねばなりません。

　得意顔のこねこに、ちいさな島は「さかなにきいてごらん」といいました。そうして魚の話に耳を傾けて

ちいさな島

作　ゴールデン・マクドナルド
絵　レナード・ワイスガード
訳　谷川俊太郎
1996年　童話館出版

海のまなかの
孤島の
生きかた

……こねこは知ります。海の底の、ちいさな島の真実を！

これは、ちいさな島を通してこの世界のありようを知ったこねこの冒険譚であり、ちいさな島の生きざまにふれる、うつくしい人生譚でもあります。大きな世界に根を下ろし、その一部でありながら、同時に自分だけの世界を育み、孤高の自由を失わない。そんなちいさな島のようであれたなら、と願わずにはいられません。

ところで、作者名のゴールデン・マクドナルドは、アメリカの絵本黄金期を支えた作家、マーガレット・ワイズ・ブラウンのペンネームです。夭折《ようせつ》の作家が残したこの絵本もまた、ちいさな島そのもののよう。時代の変遷に微動だにせず、人生の深みに漂うよろこびとさびしさの両方に、そっと寄り添いつづけます。

白い紙を折ってつくった一隻の小舟が、大海原へ旅立ちます。見るからに頼りなげなその小舟は、ささやかに波を切り、かすかな航跡を引いて進みます。ときおり現れてはちょっかいをだす海獣たちは、小舟をどこかへ導こうとしているのでしょうか。

旅する小舟

著　ペーター・ヴァン・デン・エンデ

2021年　求龍堂

150

わたしたちは、
たゆたう
小舟

やがて、小舟の前に目の眩《くら》むような光景が広がります。鬱蒼《うっそう》と茂るマングローブの森、幾重にも連なるオーロラ、壁のようにそそり立つ氷山……。自然の織りなす驚異が、見る者をただただ圧倒します。

小舟もまた、己の小ささを噛みしめているのでしょう。空が闇に覆われても、白い帆を穿《うが》たれても、決して止まることなく旅をつづけるのでした。

わたしたちはみな、波間にたゆたう小舟なのかもしれません。ちっぽけで、どうしようもなく孤独で、いやがおうでも冒険を運命づけられている。そして、この世界の狂おしいほどのうつくしさの前に、言葉もなくひれふすしかない――。

旅の終わり、小舟は港に辿りつきます。それがいったいどこなのか、読み手の数だけ答えがあります。

旅の絵本

作　安野光雅

1977年　福音館書店

旅人は、小さなボートで海を渡り、陸の外れに漕ぎつけました。馬を借りて、葡萄《ぶどう》畑を抜け、のどかな村々を進みます。

マラソンをする人々とすれ違ったり、大きな広場を横切ったり、あたりは少しずつに

154

旅のよろこび、生きるよろこび

ぎわいを増していきます。町では、市場やサーカスに人だかりが。さらに行くと、再び人はまばらとなり、夕焼けに染まる広漠とした大地がありました——。

　中部ヨーロッパをめぐる旅は、ゴッホの「アルルの跳ね橋」やミレーの「落ち穂拾い」といった名画の数々を取りこみながら、果てなくつづいていきます。緻密に描きこまれた風景に見入るうち、わたしたちも彼《か》の地に降り立って、風を感じ、心地よいざわめきにひたるかのよう。

　この無口な冒険が泣きたくなるほどうつくしいのは、なぜでしょう。旅への思いがつのるから？　それとも、そこに描かれた名もなき人々に自分を重ねてしまうから？　あるいは、時代や場所は違っても、人の営みや人の願いには何ら変わりがないのだと気づかされるからかもしれません。

156

だけど、目では、なにも見えないよ。心でさがさないとね。

飛行機乗りの「ぼく」は、モーターの故障でサハラ砂漠に不時着します。ひとりきりで夜を明かすと、「ね……ヒツジの絵をかいて！」と話しかけてくる声がありました。声の主は、小さな王子さまでした。

王子さまの故郷は、王子さまよりほんの少し大きいくらいの星だそう。つまり、座っている椅子をほんのちょっと動かすだけで、沈んでしまった夕日をもう一度見られるくらい、小さいのです。

その小さな星には、めずらしい花が1本ありました。花は、自分のうつくしさを鼻にかけ、わがままばかりいって王子さまを翻弄しました。高慢で、気むずかしくて、ずるい花。王子さまは、花に魅せられながらも花に苦しめられ、ついには故郷を離れてしまったのでした。

自分の星を飛びだして地球へやってきた王子さまは、長いこと歩いたのち、1匹のキツネに出会います。キツネは、王子さまがずっと知りたかったことを教えてくれました。それは、あの置き去りにしてきた花のことを、どうしてこれほど大切に思うのか、ということでした。王子さまもまた、愛に苦悩するひとりだったのです。

キツネはいいます。「なに、なんでもないことだよ。心で見なくちゃ、ものごとはよく見えないってことさ」と。

王子さまにとって、あの花がほかのどんな花とも違うのは、王子さまが水をやり、王

星の王子さま

作　サン＝テグジュペリ

訳　内藤濯

1962年　岩波書店

人はなぜ、冒険するのか？

子さまが風から守り、王子さまが話を聞いてやった花だから。ふたりで分かち合った時間が確かにあり、お互いにとってこの世で唯一の存在だからなのです。

そうして、心のなかに花への愛を灯した王子さまは、ひとつの決断をします――。

王子さまと「ぼく」が交わす言葉は、砂漠のなかの井戸水のようにわたしたちの内側をひたひたと潤します。花も星も人も、本当にうつくしいところは目には見えない。そのことを知っているかどうかで、世界はまるで違うものになるのです。

もしかして、人が冒険に駆り立てられるのは、見失ってしまいそうなうつくしいものを見るためでしょうか？　王子さまの言葉を反芻《はんすう》していると、そんな気がしてくるのです。

Sense of Adventure

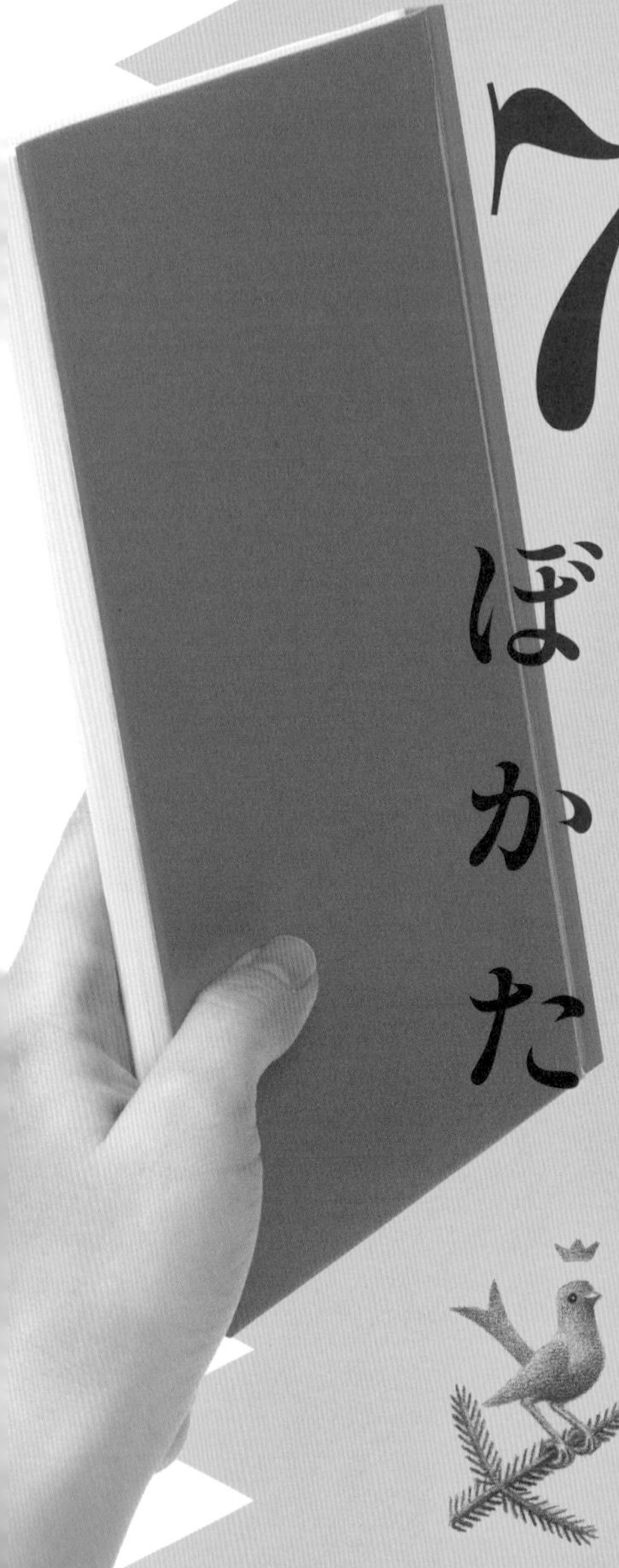

7

ぼうけんは、かっこわるくたっていい

どろんこ
のない
人生なんて

「へんだね、この　どろんこは。」
こぶたは　つぶやきました。

どろんここぶた

作　アーノルド・ローベル

訳　岸田衿子

1971年　文化出版局

SODA
みんな、
みちばたで　せめんとづけに　なった　ぶたなんて、
みたことが　ありません。
45

お百姓さんちのこぶたは、やわらかーいどろんこのなかに「ずずずーっ」と沈むのが大好き。なぜだかわからないけどたまらなく好きなこと、誰にだってありますよね。

　でも、そうとは知らないおばさんが、ある日、庭のどろんこをすっかり掃除してしまいました。かんかんに怒ったこぶたは、「こんな うち、ぴかぴか すぎて、つまらないや」と家出を決行します。

　あちこちさまよったあげく、大きな街の工事現場でどろんこを発見したこぶた。よろこびいさんで沈みますが……それって、もしかして⁉ 大騒ぎになっているところへお百姓さん夫婦が現れて、こぶたは家へ連れ戻されます。

　尻切れとんぼになったこぶたの冒険は、失敗だったでしょうか？ いいえ、そんなことはありません。「好き」をあきらめなかったこぶたは、かけがえのないものを手に入れました。お百姓さんもおばさんも、こぶたの気持ちをわかってくれたんです。

　大切な人が自分の「好き」を応援してくれる――たぶん、これ以上のしあわせはないんじゃないかな。

くんちゃんは　おかあさんに
さようならのキスを
してこなかったことを　おもいだしました。

そろそろ冬ごもりの季節。散歩にでかけた子ぐまの「くんちゃん」は、渡り鳥が南へ向かうのを見送ります。渡り鳥がいうには、ずっと遠くにある南の国は、夏のようにあたたかなんですって。

それを聞いたくんちゃんは、お母さんに「ぼく　いちどだけ　いってみたい」とねだります。すると、お父さんが「やらせてみなさい」といってくれました。

すぐさま駆けだし、丘を登るくんちゃん。でも、お母さんにさようならのキスをしてこなかったのを思いだして戻ってきます。

お母さんにキスをして、再び駆けだすくんちゃん。ところが、双眼鏡がいるなと思いついて、また戻ってきます。双眼鏡を肩にかけ、再び駆けだすくんちゃん。今度は、釣竿《つりざお》がいるなと思いついて……。

くんちゃんの旅は、ぜんぜんはじまりません。でも、心の赴《おもむ》くままにひとりで駆けだしたくんちゃんは、この日、立派に冒険をしたといっていいんじゃないかしら。たとえ、くたびれてベッドで眠ってしまったとしても、ね。

くんちゃんのだいりょこう
文・絵　ドロシー・マリノ
訳　石井桃子
1986年　岩波書店

旅じたくはできている？

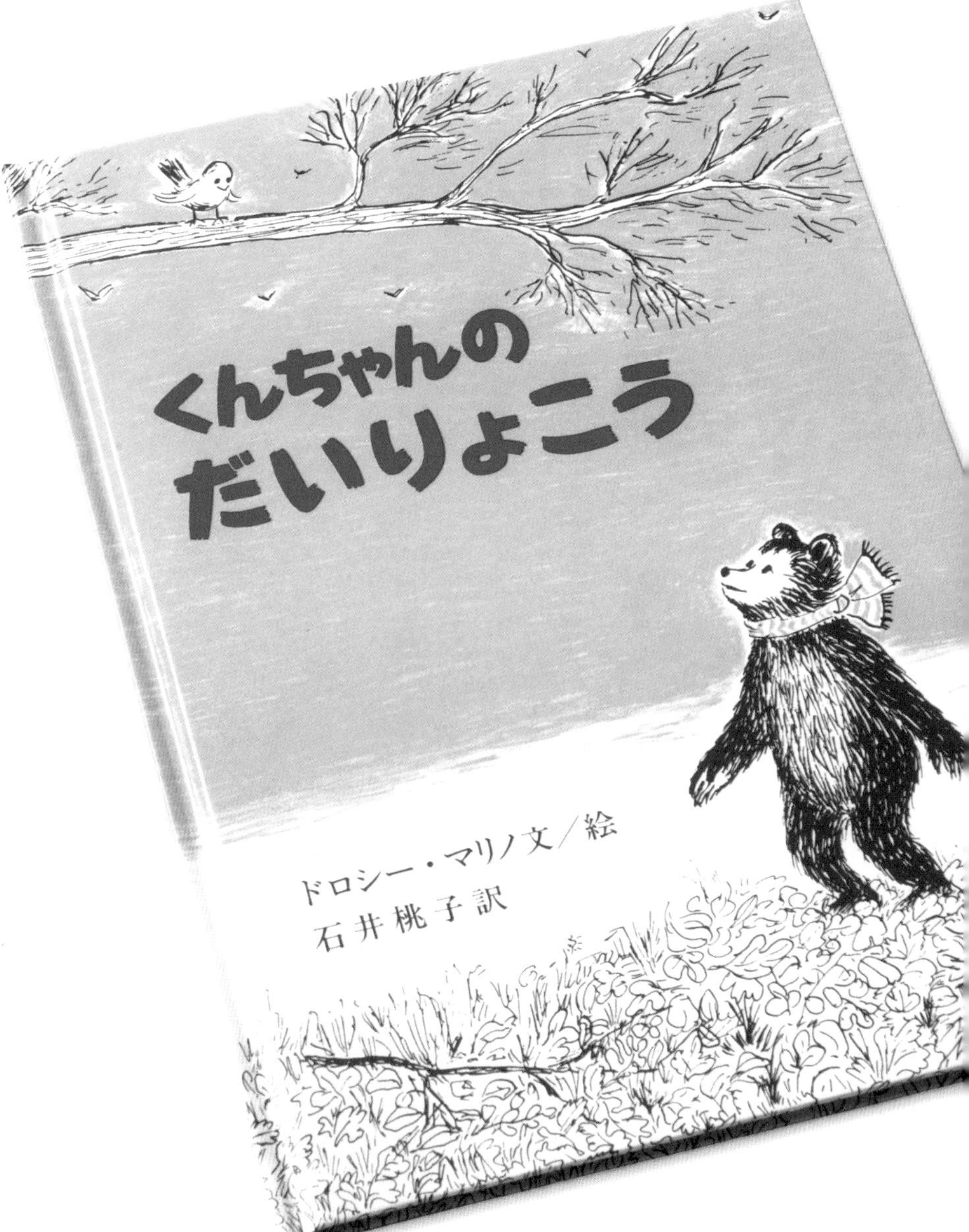
くんちゃんの
だいりょこう
ドロシー・マリノ文／絵
石井桃子訳

やっ、やっ、やっちゃろか。
や、や、やめとこか。
やっちゃろか、やめとこか。
やっちゃろか、やめとこか。

ちびきかんしゃは、のどかな村の機関庫で生まれた蒸気機関車。村と隣町を結ぶ支線を走るのが仕事です。片田舎に敷かれた1本きりの線路を、来る日も来る日も行ったり来たり。いつも時間きっかりに走るちびきかんしゃを、村の人々は時計代わりにするほどでした。

　だけど、本当をいうと、ちびきかんしゃはときどき退屈でたまらなくなることがありました。一度でいいから本線へでて、広い世界を見てみたいと願っていました。

　ある朝、とても早く目覚めたちびきかんしゃは、突然「今だ！」と思いました。機関士のおじさんは眠っていますし、窯のなかには石炭がぎっしり。こんな冒険のチャンス、またとありません。心のなかで「やっちゃろか」と「やめとこか」を何度も何度もくり返し、とうとう「やっちゃる」ことに決めました。

　村を飛びだしたちびきかんしゃは、ポッポと煙を上げて、「ぼく自由、ぼく自由」と叫びながら進みます。本線へと走りこみ、鉄橋を渡って山道へ。やがてとっぷりと日

小さなきかんしゃ

文　グレアム・グリーン

絵　エドワード・アーディゾーニ

訳　阿川弘之

1975年　文化出版局

が暮れたころ、大都会に到着しました。

しかし、チカチカと光る電灯、キイキイいうブレーキの音、そして押し合いへし合いする人々の怒声に怖気《おじけ》づき、一目散に逃げだしてしまいます。

すっかり迷子になったちびきかんしゃは、どことも知れぬ場所でぽつねんと夜を明かしました。石炭も残りわずか。このまま、ひとりさびしく錆《さ》びていくのでしょうか。

泣きべそをかいているところへ偶然通りかかった急行列車に助けられ、ちびきかんしゃの冒険はあえなく終了。無事に村へ帰れたものの、ちびきかんしゃは恥ずかしい気持ちでいっぱいです……。

だけど、村の人たちは叱ったりからかっ

目《め》をさまして駅《えき》へ出《で》てきた赤《あか》ぼうのトロリーおじさんは、びっくりして目をこすりました。ちびが、ひとりでけむりをあげてにげ出《だ》していくところだったのです。
リトル・スノーリングよ、さようなら
MAZAWATTEE TEA

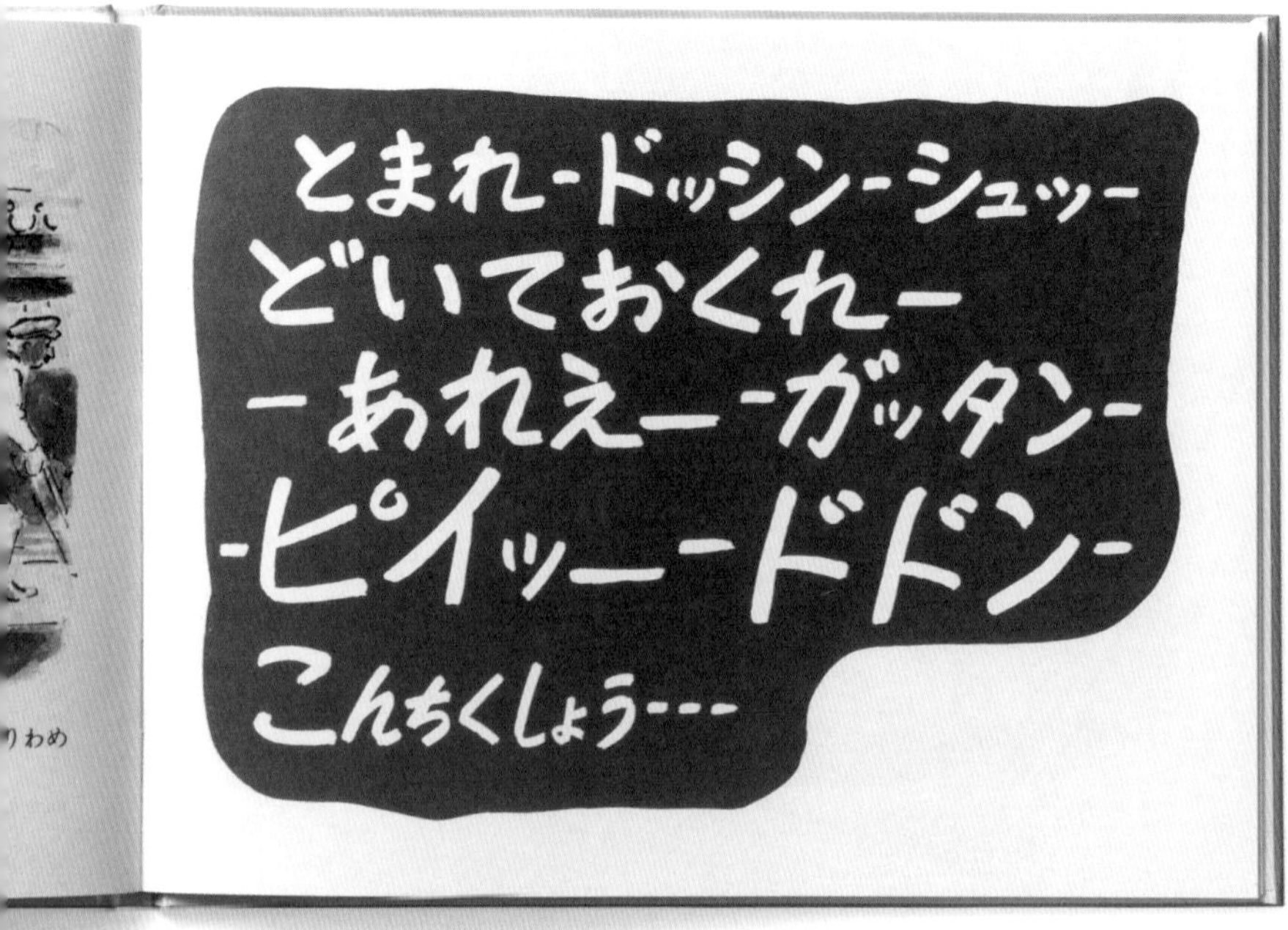
とまれ-ドッシン-シュッ-
どいておくれー
ーあれえーー-ガッタン-
-ピイッー-ドドン-
こんちくしょう---

たりするどころか、ちびきかんしゃを盛大に迎えてくれました。うまくいったかどうかなんて、関係ないんです。みんな、ちびきかんしゃの勇気を誇らしく思ったのです。失敗したことのない人、誰かに助けられたことのない人なんて、ひとりもいません。それでも「やっちゃろ」と立ち上がる勇気が、世界を明るく照らします。成功だけが果実じゃない。冒険は、ただそれだけで素晴らしい！

でも、あったかいきかん庫のことや、やさしいきかんしのおじ
少《すこ》しまよいます。「どうしよう？　やっ、やっ、やっちゃろか。
っちゃろか、やめとこか。やっちゃろか、やめとこか。」
そしてとうとう、「やっちゃる」ことに決めてしまいました。

それに、ちびがこれまで見《み》たこともないほど大《おお》ぜいの人《ひと》たちが
いたりしています。ちびきかんしゃは、こわくなってきました。
34

バッタは、じぶんの　せなかに　ついている
よんまいの　はねに　きづいた。

バッタは、自分を狙う恐ろしい者たちに囲まれていました。息をひそめて葉陰に隠れ、びくびくしながら暮らす日々。だけど、あるとき、そうやって生きていくのがつくづくいやになりました。

腹をくくったバッタは、大きな石のてっぺんでゆうゆうと日向ぼっこをはじめます。すると、さっそくヘビやカマキリが襲いかかってきました。

その瞬間、死に物狂いで跳躍！　バッタは天敵ども目がけて弾丸のように跳び上がります。そして、放物線が下降に転じた土壇場で、背中の羽根に気がつきました。

無我夢中で羽根を開き、バタつかせ、ふらふらとぎこちなく浮き上がるバッタ。トンボにバカにされようとも、チョウにからかわれようとも、バッタは今、自分が飛べることを知ったのです。

決死の冒険が、バッタのなかに眠っていた力を覚醒させました。バッタが不恰好《ぶかっこう》に飛ぶ姿は、命のあがき。それを笑うことなどできるでしょうか。バッタはもう、どこへでも行けます。昂然《こうぜん》と飛び去るその姿に、胸が熱くなります。

とべバッタ

作　田島征三

1988年　偕成社

田島征三
とべバッタ

バッタは　あれちを　こえて、

170

ペンギンが——やつはどうみてもペンギンだった——
飛べないことぐらい、　わたしだって知っていた。

散歩の途中、「わたし」は一羽のペンギンに出会います。「空から落っこちたんだよ」とペンギン。ペンギンが空を飛べないことくらい、常識です。しかし、どうやらこのペンギン、飛べると思いこんでチャレンジしたものの、あと一歩、思いこみが足りなかったらしいのです。「わたし」は、そんなペンギンにつき合うことにしました。航空力学のテスト（扇風機の前でぶらぶら）に、耐久能力のテスト（洗濯機のなかでぐるぐる）。それから、ペンギンにロケット花火をくくりつけてみたり、凧を背負わせてみたり、不屈の飛行実験がつづきます。

　ふたりが大真面目であればあるほど、くすっと笑ってしまうのはなぜでしょう。で

その常識、
誰が
決めた？

空の飛びかた

作　ゼバスティアン・メッシェンモーザー
訳　関口裕昭
2009年　光村教育図書

も、何度失敗してもあきらめない姿を見ているうちに、だんだん飛べるような気がしてきませんか？
　思いこみって、侮れないものです。ときには常識を打ち破り、未知なる能力を解放する鍵になることだってある。ペンギンと「わたし」も、もうすぐ信じられない光景を目にすることになります。

あの子のほうが　ぼくより　もっと、
たまらなく　こわいに　ちがいないんだ！

クニットは、とっても怖がりな男の子。ひとりでいるのはさびしいくせに、にぎやかな場所にも近づけません。自分から誰かに話しかけるなんて……無理！

そんなクニットが、ある晩、浜辺で手紙の入った小ビンを拾います。差出人は、小さな女の子スクルット。手紙には「あなたが 強くて やさしい 男の子なら、こわがりの 女の子を、どうか さがしに きてください」とありました。

これを読んだ瞬間、クニットのなかで冒険のスイッチが入ります。誰かの慰めをほしがっていたクニットが、はじめて誰かを慰めたいと思ったのです。

勇気をふるって、見事スクルットを探しだしたクニット。だけど、いざ彼女を前にすると、うまく話せませんでした。冒険をして前よりうんと強くなったはずなのに、恥ずかしがりなところはそのまんまなんです。

でも、大丈夫。そこもひっくるめて、ありのままのクニットを好きになってくれる人が、きっといるはず。「ムーミン」の作者トーベ・ヤンソンの描く物語には、あたたかなハッピーエンドが待っています。

［新版］トーベ・ヤンソンのムーミン絵本

さびしがりやのクニット

作　トーベ・ヤンソン

訳　渡部翠

2019年　講談社

172

言葉に
できない、
ぼくだけど

しかたないや。
ぼくは、いじっぱりで、考えのあさい
あやつり人形だもの。

ジェッペットじいさんは、ある日、親方にもらった丸太棒《まるたんぼう》であやつり人形をこしらえました。ピノッキオと名づけられたその人形は、足までできた途端にじいさんの鼻づらをポーンと蹴り、家を飛びだします。

ピノッキオは、とびっきりのわんぱくでした。学校はさぼるわ、教科書は売っぱらうわ、平気で嘘をつくわ。そのうえ甘い言葉にめっぽう弱く、悪党に騙《だま》されて金貨を奪われたり、ロバにされたりします。大人たちがよく考えろと口を酸っぱくしても、ひととき反省するだけで、けろりと忘れてしまうのでした。

だけど、ピノッキオのなかには友達の身代わりになるやさしさや、じいさんを愛する気持ちもちゃんとあります。彼は、どうしようもない矛盾をはらんだ、人間そのもののような存在なのです。

そんなピノッキオのちょっとしんどい冒険は、身からでた錆《さび》といえなくもないけれど、「子どもはこうあるべきだ」という抑圧への抗《あらが》いでもあります。何より、ままならない「自分」というものに手を焼く姿に、共感できない人などいるでしょうか？

ピノッキオのぼうけん

作　カルロ・コルローディ
画　臼井都
訳　安藤美紀夫
1970年　福音館書店

憎まれっ子の
奇抜な
冒険

どろぼうは、　手を　のばして、
いちばん　ちかくで　またたいている
星に　さわりました。

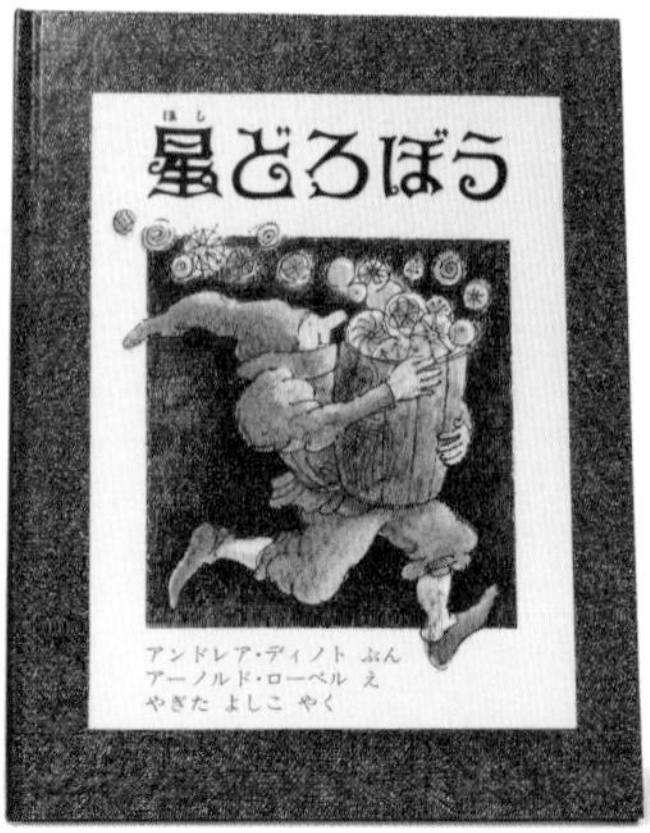

空の星にさわってみたい

山のてっぺんにある、空に近い村では、人々は子どものころから「星に　さわって　は　いけない」と聞かされていました。

だけど、いけないといわれることほどやりたくなるものです。ある晩、どうしても星にさわりたくなった泥棒は、空にはしごをかけて上まで登り、腕をのばしました。

手にふれた星は、あたたかでした。試しにちょいと引っぱると、簡単に取れるではありませんか。思わずひとつポケットに、さらにもひとつポケットに。そうこうするうち、泥棒は、ひとつ残らず星をちょうだいしてしまいました。

からっぽの夜空を見た村人たちは、そりゃもう、大騒ぎです。つめよられた泥棒はすべてを白状し、盗んだ星々は村人総出で空へ返すことになりました。

それにしても、ついつい冒険がすぎてしまったこの泥棒、どうにも憎めないんです。だって、何はともあれ、村人みんなが星にさわることができたのは、タブーを犯して星に手をのばした、彼の底抜けの好奇心のおかげですしね。

村人たちは，おとなも　こと
れつを　つくり，れつの　せ
一つずつ　わたす　やくめを
村人たちは　つぎつぎに
ひゅーっ，ひゅーっと，空に

星どろぼう

文　アンドレア・ディノト
絵　アーノルド・ローベル
訳　八木田宜子
1978年　ほるぷ出版

「王さま、みんながあなたのことを馬鹿だともうしております！」
「よしよし、つまりおれは馬鹿なのだろう」と、イワンはこたえた。

ある国に、3兄弟がありました。長男は軍人のセミヨン、次男は商人のタラス、三男は百姓のイワンです。

この3兄弟をいまいましく思う悪魔たちが、彼らを破滅させようと画策します。長男は出世欲を、次男は物欲をくすぐればいちころでした。

けれども、馬鹿のイワンだけは一筋縄ではいきません。腹を痛めても畑仕事をやめないし、兵士を与えてもブカブカドンドンと音楽を奏でさせるだけ。手にした金貨すら、惜しげもなくばらまくのです。おまけに王女さまの病気を治して、あれよあれよと王さまになってしまいました。

そんなイワンの国に住んでいるのは、これまた馬鹿ばかり。人々はお金を持たず、自分の手で働き、目の前にお腹をすかせた人がいれば食べさせてやるのでした。

人生を冒険に例えるなら、イワンの冒険はあまりに愚直です。だけど、素朴に生きる人が無欲のうちに選び取る道ほど、堅固なものはありません。本当の馬鹿はいったい誰か？　文豪トルストイが、真正面から問いかけます。

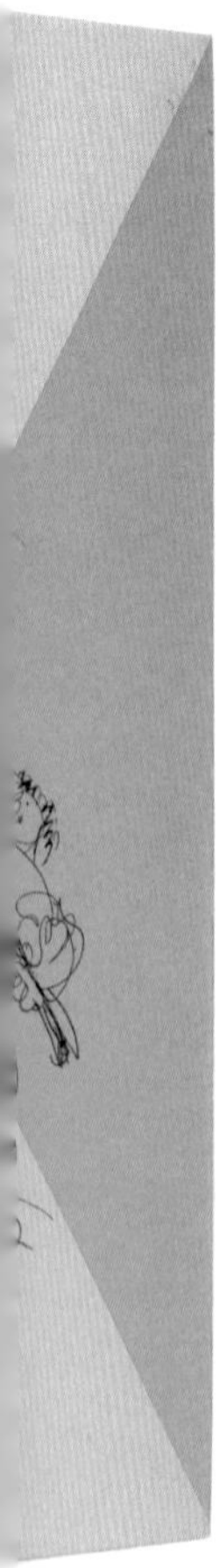

馬鹿という
名の
聖者

イワンの馬鹿

作　レフ・トルストイ
絵　ハンス・フィッシャー
訳　小宮由
2020年　アノニマ・スタジオ

そしてやっぱり、
おれはおれであることも、わかってもらおう！

ぼくがぼくであること
作　山中恒
絵　下田昌克
2001年　岩波書店

「おこられるために生まれてきたのかもしれないなあ」——小学6年生の秀一《ひでかず》は、自分のことをそんなふうに考えていました。授業中に立たされただの、テストの点が悪かっただの、毎日毎日、母の小言を浴びている秀一は、5人きょうだいのなかでいちばんだめだという烙印《らくいん》を押されています。わが子を思い通りにしないと気のすまな

180

い母に辟易《へきえき》した秀一は、夏休みがはじまるや、家出を決意しました。道端のトラックの荷台に忍びこみ、見知らぬ土地へ。ところが、自分の乗るトラックが山中でひき逃げを犯すのを目撃してしまいます。

　こっそりトラックを降りた秀一は、偶然見つけた一軒の農家を頼ります。そこには、小学6年生の夏代と、夏代の祖父が暮らしていました。ふたりは、どこの誰ともわからぬ秀一を受け入れてくれました。

　農家の居候となった秀一は、ニワトリの世話や草刈りなど、慣れない野良仕事をして過ごします。ここでは、誰も秀一に小言なんていいません。秀一は、生まれてはじめて、自分で考え、自分で決めるしかない状況に置かれました。それは、自分自身を外から見つめるという体験でした。

　夏休みが終わるころ、ようやく家に戻った秀一は、再び母の小言にさらされます。けれど、ひと夏の冒険を経験した秀一は、もう母の自由にならないという自由を心得ていました。そして、これほどまで自分を追いつめる母こそが、何かに追いつめられているのではないかと感づきます。

　二学期を迎え、例のひき逃げ犯が企《たくら》む陰謀に巻きこまれていく秀一。大人たちのむきだしの素顔を垣間見るにつれ、秀一なりに理解します。子どもに執着する母も、母のいいなりになる父も、優等生の兄たちも、誰もがどうしようもない苦しみを抱え、もがきながら生きているのだということを。

　昭和の日本を舞台にしたこの物語は、人間の強さと弱さを鮮烈にあぶりだします。不完全な自分も不完全な相手も、あるがまま引き受けようと決めた秀一は、すごい子です。心というやわらかなものの上にそのような礎を築くことは、大人になってもなお、本当にむずかしいことだと思うから。

Sense of Adventure

8

ぼうけんは、だれもしらない

だれもしらないところへ　いったら
ぼくの　ちいさなホテルを
なつかしく　おもいだすのだろうか。

ぼくのたび

作　みやこしあきこ
2018年　ブロンズ新社

ある町で、「ぼく」は小さいけれど居心地のいいホテルを営んでいます。毎日毎日、世界中からやってくるお客さんを迎えては、知らない国の話を聞き、次の目的地へと旅立つ人を見送ります。

だけど、そんな「ぼく」も、自分自身が旅人になるひとときがあります。それは、一日の仕事を終えた真夜中、ひとり静かにベッドにもぐりこむとき。

大きな旅行鞄を道連れに、ときに空路で、ときに陸路で、町から町へとめぐります。思いも寄らないできごとがたくさんあるでしょう。懐かしい友人に再会することもあるでしょう。夢のなかの「ぼく」は、どこまでも自由です。

でも、そんな彼のひそやかな冒険を知っている人は、ひとりもいません。本当はまだ、この小さな町の外へでたことがないから……。

誰もが、ここではないどこかへ行きたい気持ちを抱えて生きています。旅への思いはわたしたちの心をざわざわと波立たせるけれど、その焦燥はきっと、未来をひらく糧《かて》でもあります。

このホ
いった
ちいさ
ぼくの
まいに
いろい

「これは　ぼくの　あなだ」
ひろしは　おもった。

日曜日の朝、ひろしは何もすることがなくて、穴を掘りはじめました。何かを埋めたいわけでも、落とし穴をつくりたいわけでもないようです。お母さんやお父さんがやってきてあれこれ口をだしますが、ひろしは掘る手を止めません。

やがて、穴はひろしがすっぽり入れるくらいの深さになりました。掘った穴の底に座り、穴のなかから空を見上げるひろし。しばらくすると弾みをつけて穴から上がり、ゆっくり穴を埋めました。

こんなひろしのささやかな行為もまた、ひとつの冒険といえるかもしれません。言葉で説明できないものに、突き動かされる。そういう経験、誰しも覚えがあるんじゃないでしょうか。ひろしはそれを行動に移し、誰に何といわれようとやりとげて、孤独というものを噛みしめた。穴の底から見上げた空は、いつもと違う、ひろしだけの空だったはずです。

目的や理由なんてない、こんな冒険があったって、いいじゃありませんか。さあ、あなたも掘ってみる？

あな

作　谷川俊太郎

画　和田誠

1976年　福音館書店

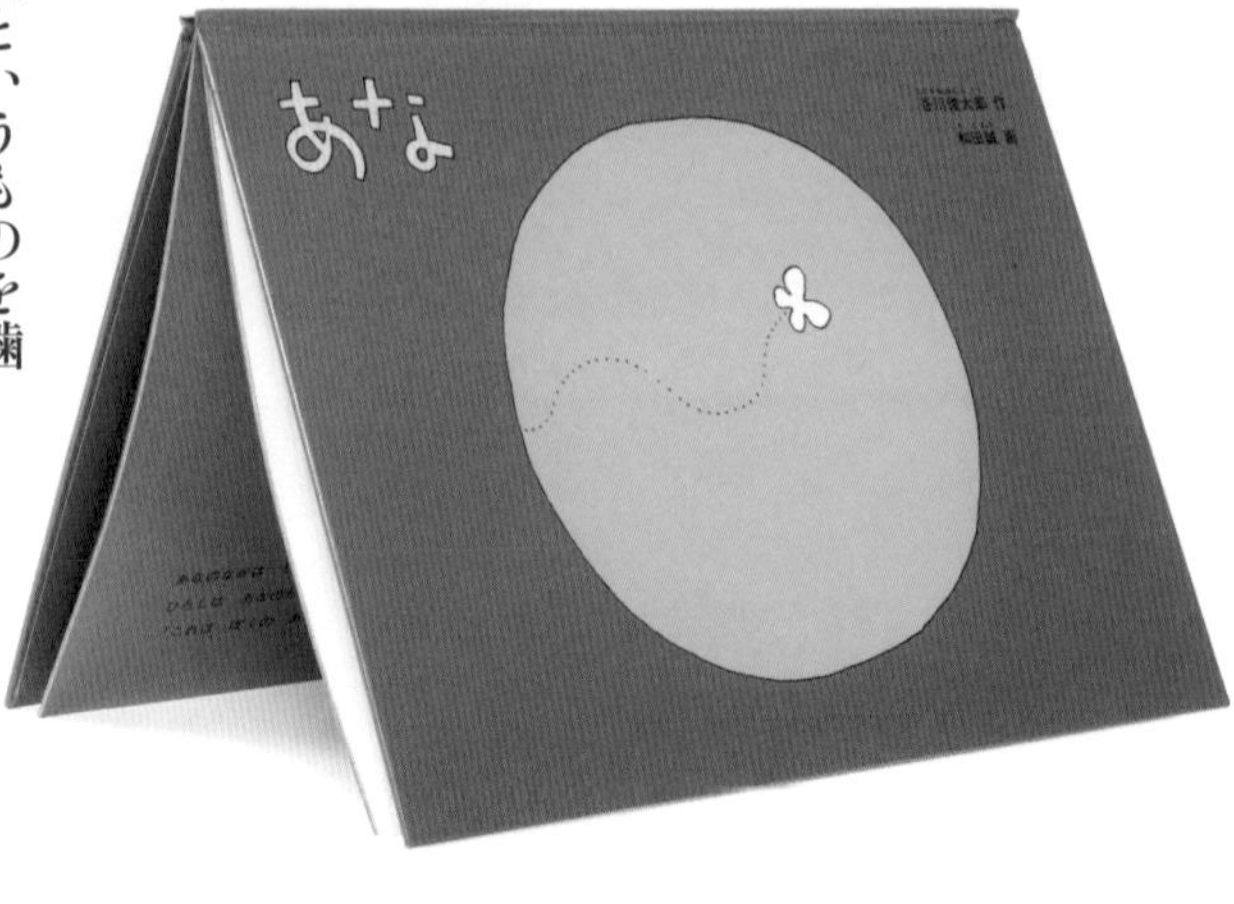

そして、
ぼくは
穴を掘る

ひろしは　うえを　みあげた。
あなのなかから　みる　そらは、いつもより　もっと　あおく　もっと　たかく　おもえた。
その　そらを　いっぴきの　ちょうちょうが　ひらひらと　よこぎっていった。

父さんねずみのアナトールは、パリ近郊の「ねずみ村」に暮らしています。夕闇が迫ると、仲間とともに自転車に乗ってパリへ。愛する妻と子どもたちを養うため、人間の家で残りものをいただきます。

しかしある晩、人間たちがねずみの悪口をいうのを耳にしたアナトールは、ひどく傷つきます。目と鼻の先で暮らす人間とねずみは、ちっとも対等じゃありませんでした。それどころか、ねずみは人間から疎《うと》まれ、蔑《さげす》まれる存在だったのです。仲間たちは気にもとめていないようですが、アナトールはどうにも納得がいきません。

さあ、こんなふうに誰かから見くだされていると知ったなら、どうしますか？　しかも、自分より強く、自分より多くを持つ相手から。反抗したり、ふてくされたり、あるいは相手の粗探しをしたくなるのが人情（ねずみ情？）というものでしょうか。だけど、アナトールは違います。人間からもらうばっかりでなく、何かお返しできないだろうか。そう思い立ちました。彼にとってこれは勝ち負けの問題ではなく、自尊心の問題なんです。

以来、夜がふけると、人間の家ではなくチーズ工場へでかけるようになったアナトール。自分の得意を生かせる場所を求めて、誰もいない夜の工場でこっそり働くことにしたようです。

どうしたら相手に対抗できるのかではなく、どうしたら相手の役に立てるのか。そう考えて冒険に打ってでたアナトールの、発想の転換に拍手！　彼にとって重要なのは、労働に対する正当な報酬として食べものを

ねずみのとうさん アナトール

文　イブ・タイタス
絵　ポール・ガルドン
訳　晴海耕平
1995年　童話館出版

夜の
チーズ工場には
働き者がいる

得ること、つまり、誇りを持って働くことでした。

アナトールの冒険は、さしずめ自分に合った「働きかた探し」でもあったわけで、そう考えると何だか身につまされます。けれど、日々コツコツと仕事に精をだすアナトールの努力がチーズ工場の社長さんの目にとまる日も、そう遠くはなさそうです（人間たちは知らないままなんですけどね、アナトールがねずみだってことを）。

ヤービは自分の心臓がとまるかと思いました。
なんと、思いがけない至近距離で、
大きい人が、こちらをじっと見つめていたのです。

ある休日、小さな三日月湖マッドガイド・ウォーターにボートを浮かべて本を読んでいたときのこと。寄宿学校で教師をしている「わたし」は、ふわふわの毛に包まれた、ハリネズミのようでハリネズミでない、二足歩行の小さな生きものに出会います。クーイ族の男の子、ヤービでした。

ひと粒のミルクキャンディーが縁となり、「わたし」はヤービから彼らの暮らしぶりを聞くことになります。

ヤービたちは、大きい人たち（人間のことです）の目を避けながら、湖の岸辺で生活しているのだそう。オオアカゲラのつくった巣穴に暮らし、蜂の子を焼いて食べ、風

190

もし
見かけても、
内緒にして

岸辺のヤービ

作　梨木香歩
画　小沢さかえ
2015年　福音館書店

と雨の音楽を聞き……そのささやかな毎日の、心豊かで、たくましいこと！

だけど、世界を牛耳ろうとする大きい人たちのやりかたが岸辺の自然を脅かし、彼らの生活にまで暗い影を落としていました。

明るいだけじゃない未来にしょんぼりすることもあるけれど、冒険心にあふれるヤービの目は輝いています。ヤービが物語の最後に口にするひとことは、きっと、この世界に生きる全員に向けられています。

こまで草を食みにきた牛が、ついでに水を飲んでいきますよ。牛たちは水飲み場を二つ持つことになるが」

ああ、それはぜひ、とわたしはいいました。どれだけの牛がそこへやって来るのか、または来ないのか、わかりませんが、今よりはペック族が牛に接近《せっきん》しやすくなるでしょう。一歩前進です。わたしはうれしくなってカンヌキさんに礼をいい、そこを立ち去ろうとしました。するとカンヌキさんは後ろから声をかけました。

「先生、こんな日にボートに乗るなんて、常識《じょうしき》のある人間には考えられないが、万が一そんなことをしようとするひとがいたら、わたしは雨具とひざかけ毛布《もうふ》を持っていくことをおすすめしますね」

わたしは後ろを振《ふ》り向《む》き、

「そんなアドバイスを聞いたら、そのひとはぜったいそうするだろうと思いますよ！」

と、おうようにほほえんで軽く会釈しました。

144

悟《さとる》はいままで、
いちばんたしかなものはなにかなんて、
考えたことがなかった。

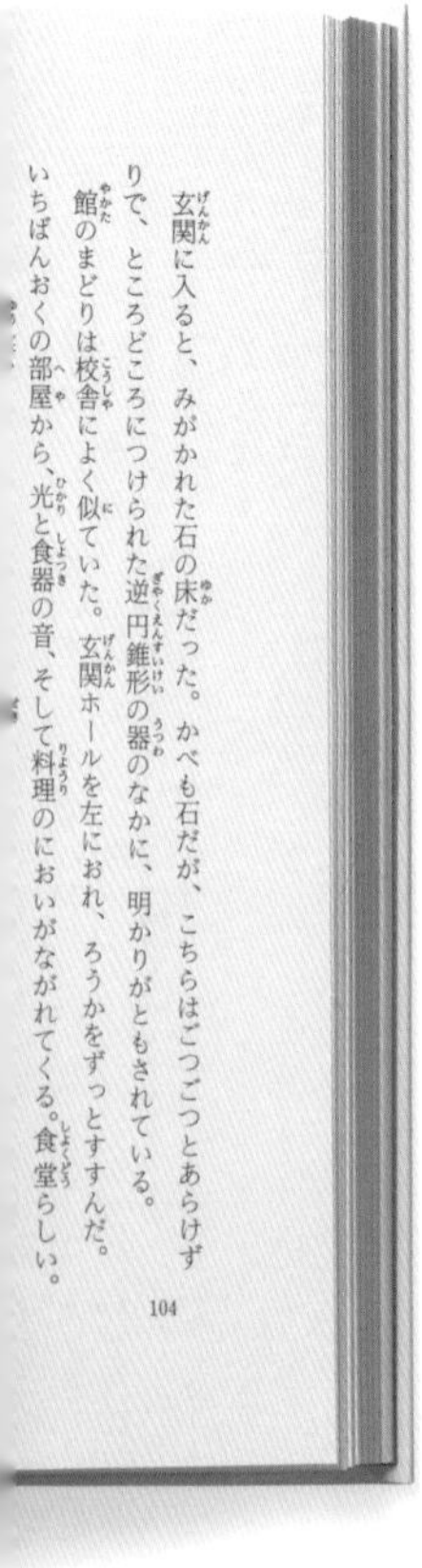
玄関《げんかん》に入ると、みがかれた石の床《ゆか》だった。かべも石だが、こちらはごつごつとあらけずりで、ところどころにつけられた逆円錐形《ぎゃくえんすいけい》の器《うつわ》のなかに、明かりがともされている。
館《やかた》のまどりは校舎《こうしゃ》によく似《に》ていた。玄関《げんかん》ホールを左におれ、ろうかをずっとすすんだ。いちばんおくの部屋《へや》から、光《ひかり》と食器《しょっき》の音、そして料理《りょうり》のにおいがながれてくる。食堂《しょくどう》らしい。

104

5時間目、6年3組のみんなは体育館で映画会の準備をしています。準備に飽きた悟が体育館を抜けだすと、1匹の黒ネコが話しかけてきました。

黒ネコと謎めいた問答を交わすうち、悟は一瞬にして深い森のなかへ。そこは、子どもしかいない異世界でした。「いちばんたしかなもの」をつかまえれば、もとの世界

二分間の冒険

著　岡田淳

絵　太田大八

1985年　偕成社

時計じゃ
はかれない
２分間

に戻してやる。そういわれて、悟の冒険がはじまります。

やがて、その世界を支配する竜との戦いに巻きこまれていく悟。「たしかなもの」とは、竜のことでしょうか？　それとも、竜を倒す剣のこと？　答えが見つからないまま、竜との決戦の夜を迎えます。

何日もつづいたかに思えたこの冒険は、現実世界ではたった2分間のできごとでした。だけど、「時間」というよくわからないものの隙間に迷いこんだ悟は、「自分」というよくわからないものと徹底的に向き合うことになりました。

悟が最後につかまえた「たしかなもの」とは何だったでしょうか。その答えは、すがすがしいほどまっすぐです。

ライオンは　たったひとつのことを　かんがえていた。
100年って　どのくらいだろう？

昔、広い草原にお腹をすかせたライオンがいました。そこへ1羽の鳥が現れます。ひさしぶりの肉肉しいもの……しかしライオンは、鳥を食べることより、鳥とともに過ごすことを選びます。彼は、それほどまでに孤独だったのです。ふたりはお互いを慈しみ、幸福な日々を送りました。

しばらくして、鳥がこの世を去るときがきました。涙に暮れるライオンに、鳥は「また あえるよ」といいます。「いつ？」と問うライオン。鳥は、苦しまぎれに「100年たったら」と答えるのでした。

それから100年が過ぎたとき、ライオンは貝で、鳥は波でした。さらに100年後、ライオンはおばあさんで、鳥は窓辺の花でした。遥かな時のなか、ふたつの命は尽きることのない輪廻《りんね》の冒険をつづけます。せつなくすれ違いながら、でも、ひたと寄り添いながら。いつか人と人としてめぐり会う、その日まで——。

思えば、出会ってすぐに不思議と懐かしい人って、いるものです。もしかしたら、この物語はあなたとあなたの大切な人の、遠い昔の記憶なのかもしれません。

100年たったら
文　石井睦美
絵　あべ弘士
2018年　アリス館

ライオンは　草を　たべた。草のあいだで　あそぶ虫も　たべた。
どんなにたべても、おなかは　いっぱいにならない。
「なんかもっと、にくにくしいものが　くいたいな」
そうげんをかける　どうぶつたちを　おいかけまわしたころを、
ライオンは　おもいだした。
「ふん。そんなことを　おもいだして　なんになる。さっさと　ねちまおう」
そういうと、ライオンは　おおきな木のねもとに、ごろんとよこたわった。
いちにちいちにちが　そうして　すぎていった。

ある日のこと、いちわの鳥が　そうげんに　おりたった。
旅鳥のヨナキウグイスだ。
ライオンは　ゆっくりしずかに　鳥に　ちかづいていった。
ひさしぶりの　にくにくしいものに。
「にげやしないわ。もっとどうどうと　いらっしゃいよ」
いきなり　鳥が　そういったので、ライオンは　びっくりした。
「なんで　にげないんだ。ひととびすれば　いいことなのに」
ライオンが　たずねると、鳥は　こたえた。
「わたしは　もうとべない。あんた、おなかが　すいているんでしょ？
わたしを　たべたらいいわ」
ライオンは　すこしのあいだ　鳥を　みつめた。
ちいさなからだ。ぼろぼろのつばさ。
「あいにくおれは、にくは　くわないんだ。おれのこうぶつは、草と虫さ」
ライオンは　そういった。

うまれなかった　子どもは、
バンソウコウを　ペタリと　はりたくなった。

主人公は「うまれたくなかったからうまれなかった子ども」です。そう、この絵本は、ガーンと頭を殴られるような衝撃の設定ではじまります。

うまれなかった子どもは、蚊にさされてもかゆくないし、パンのにおいがしても食べたくなんかありません。犬に噛まれても、ぜんぜん平気。うまれていないのだから、ぜんぶ、関係ないんです。

なのに、犬に噛みつかれた女の子がお母さんに絆創膏《ばんそうこう》を貼ってもらうのを見た瞬間、猛烈な何かに駆り立てられて……うまれなかった子どもは、うまれることにします！

そうしてうまれた子どもは、蚊にくわれればかゆがるし、お腹がすいたらパンをむしゃむしゃほおばります。お母さんに絆創膏を貼ってもらうと、うっとりとした表情を見せるのでした。

うまれなかったころの記憶は、わたしたちには（たいていの場合は）残っていません。だけど、この世に「うまれる」などというとんでもない冒険にあなたを駆り立てたもの、すなわち、あなたにとっての絆創膏は、いったい何だったでしょうか？

うまれてきた子ども
作・絵　佐野洋子
1990年　ポプラ社

うまれてきた子ども
佐野 洋子

犬は捨てられました。車からポイと放りだされたのです。がむしゃらにあとを追いましたが、車は瞬く間に走り去り、小さな点になりました。

点すら消えた彼方《かなた》を見つめ、その場を離れがたそうにうろつく犬。ふらりと道に飛びだして、衝突事故を引き起こします。

あぁ、もう、ここにはいられない。そう悟った犬は、平野を、浜辺を、街角を、あてどなくさまようよりほかありませんでした。遠くの人影に淡い期待を抱いては肩を落とし、空に向かって虚しく吠えながら。

この物語が描くのは、生きものを捨ててはいけないという教訓などではなく、深い哀しみそのものです。心に刻まれた傷が跡形もなく消えることなどないのでしょう。それでもどうにか歩きつづけたとき、その先に待つものとは？

哀しかった、
きみに
会うまでは

やがて、犬の前にひとりぼっちの子どもが現れます。絶望、不安、孤独……どんなに哀しい冒険をしてきたか、言葉を持たない犬が語ることはありません。それでも犬と子どもは心を通わせ、身を寄せ合います。

アンジュール
ある犬の物語
作　ガブリエル・バンサン
1986年　BL出版

ぼくは初めて、ひとりぼっちでいるのがうれしいと思えた。
だって、ぼくには本があるから。

かつて、アメリカ南部に暮らす多くの黒人が、よりよい暮らしを求めて北部へと移りました。ラングストンもそのひとり。数か月前に故郷アラバマを離れ、父さんとふたりでシカゴへやってきました。

だけど、ラングストンの心は沈んでいます。都会の生活に馴染めなくて、クラスメイトからは「南部のいなかもん」といじめられる毎日。父さんはいつもふさぎこんでいるし、何より、死んでしまった母さんのことが恋しくてたまりません。

そんななか、生まれてはじめて図書館を訪れたラングストン。南部では入ることすら許されなかった場所で、彼は、自分と同じ名前の書かれた本を見つけます。そこには、まるで自分の心のなかから取りだしたかのような言葉が並んでいました。

詩人ラングストン・ヒューズの詩にふれて、少年ラングストンは本の世界を冒険するようになります。すると、その灰色の日々に光がさしはじめ……。

ラングストンは、もうすぐ宝物を見つけるでしょう。それは、本のなかに秘められた、亡き母からのメッセージです。

希望の図書館

作　リサ・クライン・ランサム
絵　酒井駒子
訳　松浦直美
2019年　ポプラ社

200

リサ・クライン・ランサム 作
松浦直美 訳
Cline-Ransome
FINDING LANGSTON
希望の図書館
ポプラ社
希望の図書館
FINDING LANGSTON
リサ・クライン・ランサム 作
松浦直美 訳
ポプラ社

ことばは沈黙に　光は闇に
生は死の中にこそあるものなれ

舞台は「アースシー」と呼ばれる多島海の世界。ここでは魔法やまじないが人々の暮らしとともにありました。なかでもゴント島は多くの魔法使いを生んだ地で、類稀《たぐいまれ》な魔法の才を持って生まれた主人公、ハイタカもまた、ゴントで生まれました。

13歳の誕生日に、大魔法使いオジオンの弟子となったハイタカ。この偉大な師匠は、少年に「ゲド」という真《まこと》の名を授けます。

大魔法使いの弟子になれば、たちまち奥義を身につけられるだろうと期待していたゲドでしたが、師匠オジオンは森を逍遥《しょうよう》するばかり。魔法とは無縁のように思える生活にがまんできなくなったゲドは、ある日、無断でオジオンの呪文の書を開き、暗黒の影を呼びだしてしまいます。これが、ゲドと影との因縁のはじまりでした。

オジオンのもとを去ったゲドは、ローク島の魔法学院に進みます。めきめきと才能を開花させ、得意になるゲド。ところが、学院の長《おさ》たちは、明かりを灯すことは闇を生みだすことであり、魔法を使うことは宇宙の均衡を揺るがすことなのだといって、慢心するゲドを諭します。

不満をつのらせたゲドは、自分の力を見せつけようと「禁じられた呪文」を唱えますが……黒い塊が現れ、ゲドに襲いかかりました。ゲドは再び、あの影を呼びだしてしまったのでした。

以来、影に追われる身となったゲド。そもそも影とは何なのでしょう。ゲドを狙う敵であることは間違いありません。しかし、

影との戦い

ゲド戦記 I

作　アーシュラ・K.ル＝グウィン

絵　ルース・ロビンス

訳　清水真砂子

1976年　岩波書店

それがゲド自身の無知や傲慢から生まれたのだとしたら、影から逃れることなどできるのでしょうか？　影との戦いに満身創痍《まんしんそうい》のゲドは、オジオンに助けを求め、ついに影と対峙する覚悟を決めますが――。

この冒険譚は、のちに大賢人となるゲドが若かりしころに経験した、誰も知らない逸話として綴《つづ》られます。そこに書かれているのは、傲《おご》り、妬み、憎しみ、不安といった、人の心に巣食う闇との戦いです。人が人である以上、闇を消し去ることはできません。ならば、どうするか？　わたしたち人間が考えつづけてきた普遍の問いに、ゲドが、ひとつの答えを示します。

Sense of Adventure

9

ぼうけんは、かんがえる

どんな
時代で
あろうとも

おこなわれたいっさいの不当なことにたいして、
それをおかしたものに罪があるばかりでなく、
それをとめなかったものにも罪がある。

飛ぶ教室

作　エーリヒ・ケストナー
絵　ワルター・トリヤー
訳　高橋健二
1962年　岩波書店

206

クリスマス間近の、とある雪の日。ドイツの寄宿学校に学ぶ5人の少年は、自作の芝居「飛ぶ教室」の稽古をしています。

そこへ急報！　クラスメイトのひとりが実業学校のやつらに襲われて、捕虜になっているとの知らせが入りました。知らせを聞くなり、校舎を飛びだす5人。因縁の宿敵である実業学校生たちと、雪合戦で決着をつけることになり……。

こんなふうにケンカするのも一緒なら、そのあとに叱られるのも一緒の5人。でも、その個性や事情はさまざまです。

弁の立つゼバスチアンは、お調子者のようで、実は繊細な心の持ち主。気のいいマチアスは腕っぷしが強く、一方、ウリーは

149
「きっと悪いことはないだろうな、マッツ。」
「たしかにだいじょうぶだよ。」と、ヨーニーがいいました。
第8章

臆病な自分に嫌気がさしています。孤児のヨーニーは世を達観しているようなところがあり、作家を目指して執筆中。リーダー格のマルチンは成績優秀ですが、貧しい苦学生でもあります。

　そんな彼らに共通しているのは、正直であること。それは、嘘をつかないという正直さではなく、自分にとって都合の悪いことから目をそらさないという正直さです。宿敵との対決、先生との絆、自分自身との葛藤……日々降りかかる悲喜こもごもをそっくり受け止めながら、５人は学校生活という冒険に身を投じ、笑いも涙も憤りも、すべてを肥やしにしてみせます。

　さあ、いよいよクリスマスです。「飛ぶ教室」の上演にも成功し、少年たちはそれぞれに幸福な（世間一般の「幸福」とは少し違うかもしれませんが、それでも幸福な）聖なる夜を迎えます。ある者は勇気をふるって自分を乗り越え、ある者は孤高の精神を研ぎ澄ませ、ある者は差しのべられた手のぬくもりに感謝して――。

　この心あたたまるクリスマス物語が発表されたのは、１９３３年、ナチスがドイツの政権を握った年のことでした。思想や言論への弾圧が強まるなか、作家ケストナーは人間の良心を丹念に描き、不穏な時代への警鐘と子どもたちへの励ましを物語のそこかしこにちりばめています。

　あの時代、ケストナーにとって、この本を発表すること自体がとても危険な冒険だったはず。そのせつなる言葉に、今こそ耳を傾けてみませんか？

いい町ですよ、ここは。
ただ、すべてのことが、さかさまだってことだけ、
おぼえておいてくださいね。

やすんで、あそんだり、本《ほん》をよんだりしていいのです。そのおかげで、ぼくがはたらけるってわけです。たのしいですよ、はたらくって。さて、お名《な》まえは？」
「リッキーです」
「リッキー、きみもここにすわってみたい？　チーンとベルをならして、ベルボーイをよんだりするんです」
「うん、してみたい！」

さかさ町

作　フランク・エマーソン・アンドリュース
絵　ルイス・スロボドキン
訳　小宮由
2015年　岩波書店

さかさまにすると、気づくこと

リッキーとアンのきょうだいは、汽車でおじいちゃんちに向かっています。すると、キキーッと急ブレーキ。線路の不具合で、ふたりは見知らぬ町で一泊することになりました。町の名は「さかさ町」。ここでは、何もかもがさかさまなんです。

　看板の文字がひっくり返っているのは、ほんの序の口。家は上下がさかさまで、車は前と後ろがあべこべです。食事はデザートからはじまり、お店では商品を買った人が代金をもらいます。それに、この町では子どもが働き、お年寄りは遊び放題なのだとか。ホテルの受付係も、リッキーより少し大きい男の子でした。

　ちなみに、学校では「わすれよ科」なんて授業もあります。いやなことを忘れれば、争いが少なくなるから、というのが理由だそう。思わず、なるほどな、と思ってしまいませんか？

　過去の常識が今の非常識なんてことは、実際ざらにあるわけで。さかさ町の習慣を、めちゃくちゃだと笑ってばかりもいられません。あべこべの世界に飛びこんで、凝りかたまった頭のなかをほぐしましょ！

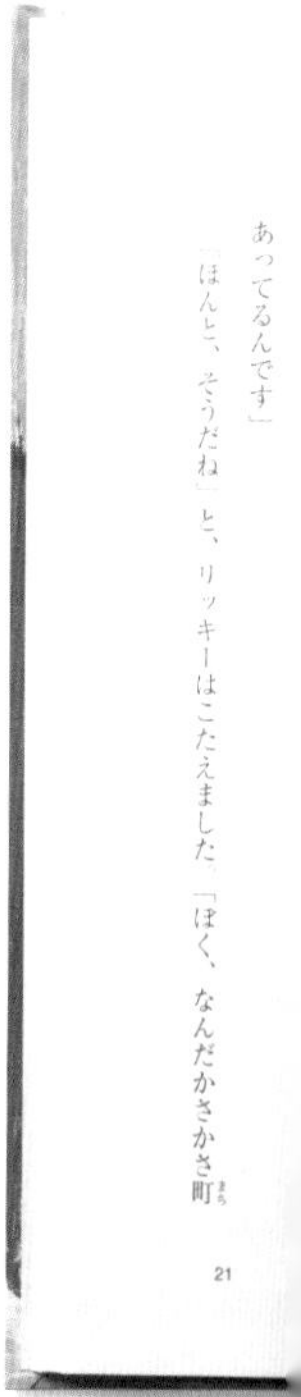
あってるんです」
「ほんと、そうだね」と、リッキーはこたえました。「ぼく、なんだかさかさ町《まち》
21

さかさ町
F.エマーソン・アンドリュース 作
ルイス・スロボドキン 絵
小宮由 訳
岩波書店

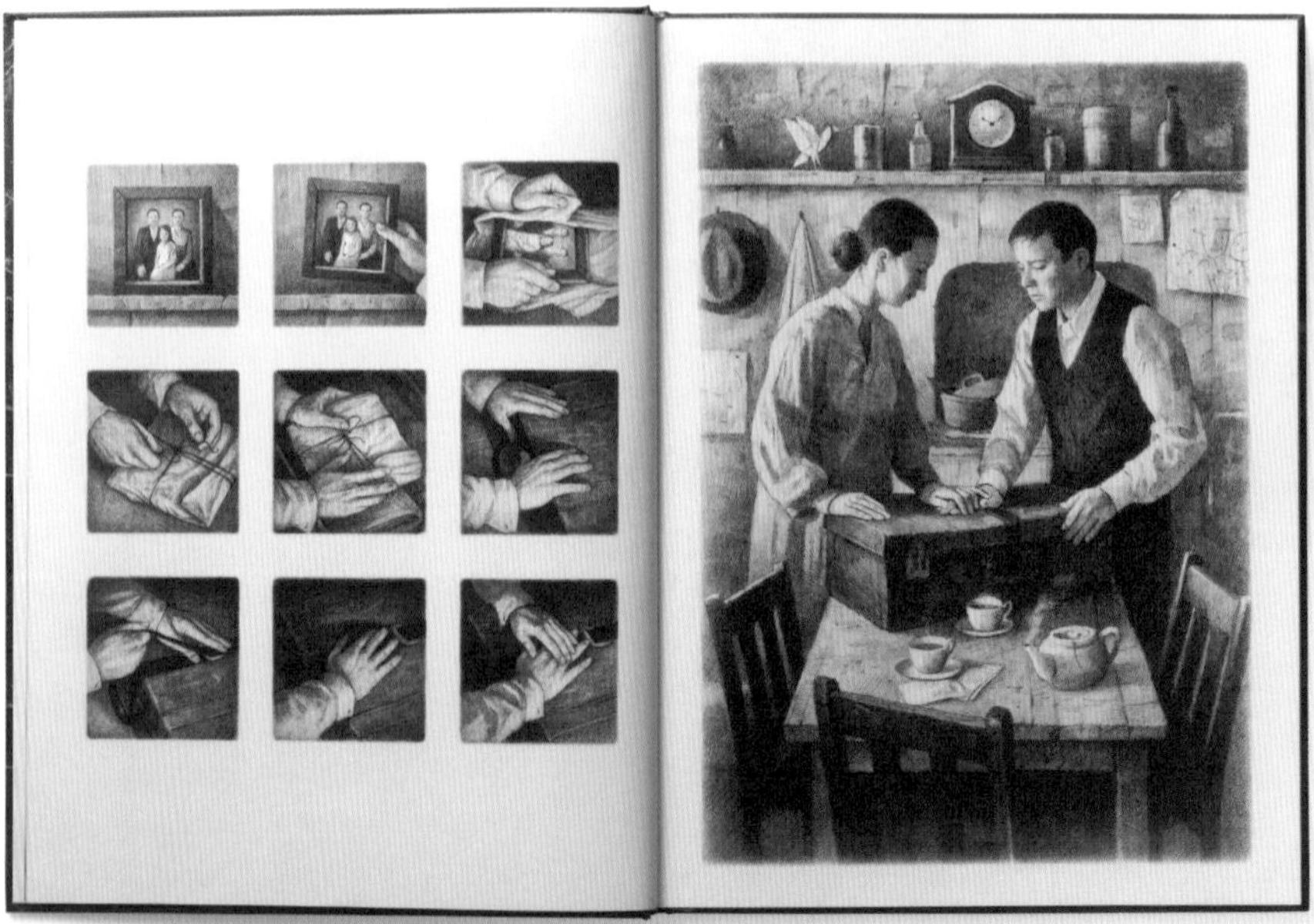

アライバル
Paperback Edition

著　ショーン・タン

2023年　河出書房新社

ある日、
異文化に
放りこまれたら

その人は、愛する妻と娘を残し、旅立とうとしています。彼の悲痛な面差しから、それが待ちに待った旅ではなく、そうせざるを得ない旅であることが察せられます。さして大きくもない旅行鞄に最後に入れたのは、家族のポートレートを収めた写真立てでした。

　家をでると、港までの道をとぼとぼと歩きます。通りには人影もなく、憔悴《しょうすい》しきったように見える灰色の街を、得体の知れな

い黒い触手がはいまわっていました。

幾日も船に揺られて辿りついたのは、途轍《とてつ》もなく大きな街です。港では、同じ船で海を渡った人たちが長蛇の列をつくりました。その街にいてもよい、という許しをもらうため、誰もが必死でした。

こうしてはじまった彼の新しい生活は、決してたやすいものではありませんでした。住まいを見つけるのにもひと苦労。切符の買いかたひとつ、わかりません。理解できない言葉、慣れない食べもの、見たこともない生きものに囲まれて、思いだすのは家族のことばかり。それでも彼は、ここでやっていくしかありません。

迷子のように戸惑う彼に手を差しのべたのは、同じ心の痛みを知る人々でした。その街には、壮絶な過去を持つ人がたくさん住んでいたのです。不当な拘束から逃れてきた人、故郷を焼けだされた人、戦争ですべてを失った人……。大切なものを奪われ、深い傷を負った人たちが、大切なものを彼に分け与え、傷を癒してくれました。

徐々に生活が整ってくると、彼は、今度はコツコツと働きはじめます。いつの日か、家族を呼び寄せるために――。

これは、ひとりの移民が故郷を離れ、新天地での暮らしを築くまでの物語です。緻密な絵だけで表現された世界は、夢のなかのようでありながら、街のにおい、生活の音、人の体温を感じさせ、リアリティに満ちています。それはたぶん、この物語がファンタジーであると同時に、今も世界のどこかで起きている現実を映しているからではないでしょうか。

離郷の哀しみ、異文化の衝撃、それでもどうにか活路を開こうとする人間の冒険心。そこには、絶望と希望がまだらに広がっています。

哲学者の説によれば、大きいとか小さいとかは、要するに比較の問題だそうだが、たしかにそのとおりだ。

故郷イングランドから船出した、船医のガリヴァー。彼の乗る船が、暴風雨で転覆してしまいます。漂着した島で目覚めると、手も足も、髪の毛さえも、地面に縛りつけられていました。周囲でもぞもぞ動いているのは、身の丈15センチほどの人間たち。そこは、小人の国「リリパット」でした。

リリパットの住人から見ればとんでもない巨人のガリヴァーは、敵国の軍艦を奪ったり、宮殿の火事を放尿で消したり、お国のために働きました。しかし、彼の存在をよく思わない政治家の陰謀に巻きこまれ、危ういところを逃げだします。

ほどなくして、次の航海へでたガリヴァー。今度は、飲み水を調達するために立ち寄った島に置き去りにされます。そこは、巨人の国「ブロブディンナグ」でした。

身長18メートルもの農夫に拾われて見世物となったガリヴァーは、あげく、宮廷に売り飛ばされます。巨人にとってガリヴァーは、手のひらに乗るおもちゃのようなもの。この屈辱的な状況に、彼は数年間耐えつづけました。

ガリヴァーの冒険といえば、ここまでがよく知られています。でも、彼の旅は、実はまだまだつづきます。空中の浮島「ラピュータ」（あのアニメーション映画ともリンクしていますね）を訪ねたり、魔法使いの島で歴史上の偉人に対面したり。途中、ちらりと日本に立ち寄ったりもします。

そして、馬の国「フウイヌム国」では、理

ガリヴァー旅行記

作　ジョナサン・スウィフト
画　チャールズ・エドマンド・ブロック
訳　坂井晴彦
1988年　福音館書店

彼の旅には
つづきが
ある

性を持つ馬と、人間と思《おぼ》しき野蛮な生きものヤフーに出会います。人間の愚かさにいやというほど失望したガリヴァーが、最後に選んだ生きかたとは——。

　この物語は、いつもと違う角度から世界を眺める、特殊な眼鏡のようなものかもしれません。終わらない戦争、腐敗する政治、尽きない欲望……人間の抱える諸問題が、ついているんだかついていないんだか、賢いんだかまぬけなんだかよくわからないガリヴァーによって、ときに滑稽に、ときにグロテスクに語られます。

　1726年（日本は江戸時代です！）に書かれた冒険譚は、不滅の鋭さで、人間社会を全方位から皮肉ります。

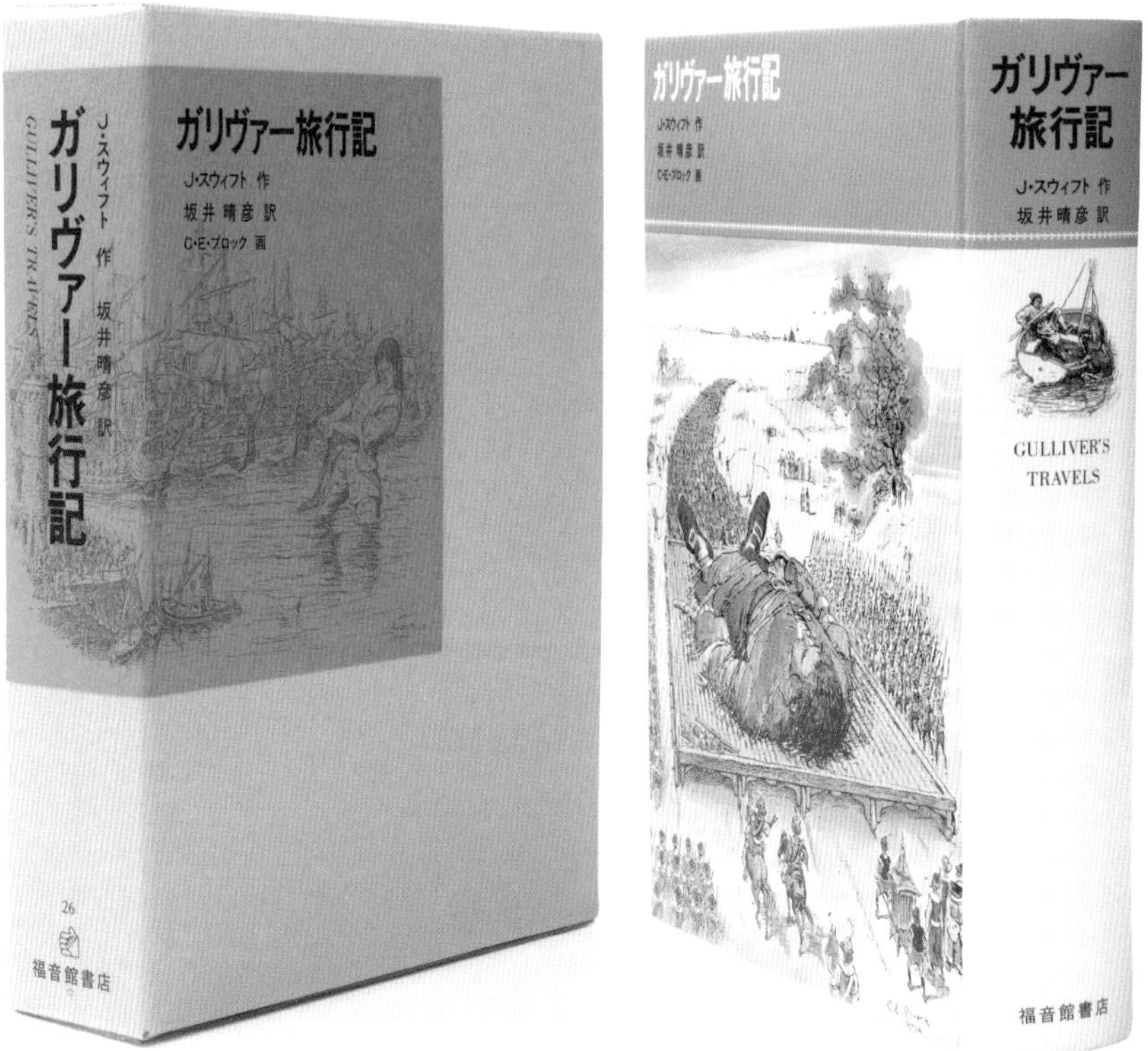

いきものの演じる劇は、たえることなくつづき——
いつもあたらしく、いつもうつりかわって、
わたしたちをおどろかせます。

さてさて、舞台の幕が上がります。本日のプログラムは「せいめいのれきし」です。プロローグは、46億年もの昔、地球が生まれたときのお話です。

第1幕、三葉虫や頭足類の時代をへて、脊椎動物が登場します。第2幕でくり広げられるのは、恐竜の繁栄と絶滅です。人間が登場するのは第3幕の終盤で、地球の歴史に照らせばごく最近、ということになります。原初の生物から現在のわたしたちまで、気が遠くなるほど長い長い命の連鎖が、こうして5幕の芝居じたてで描かれます。どこからはじまったともどこで終わるとも知れない時間のなかで、連綿と命をつないでいくこと。これ以上に壮大な冒険があるでしょうか！

舞台は「さあ、このあとは、あなたのおはなしです。主人公は、あなたです」という言葉を残して、幕を下ろすことなく新たな時間を刻みます。

生命の歴史の前に、わたしたちは、あきれるくらいちっぽけです。でも、今を生きるすべての人が、絶えることなくつづけられてきた命の冒険の最先端に立っています。

せいめいのれきし 改訂版

文・絵　バージニア・リー・バートン

訳　石井桃子

監修　真鍋真

1964年　岩波書店

216

歴史の
主人公は
あなたです

オオカミの群れよ、おまえたちもぼくを追いだした。ジャングルはとざされ、村の門もとざされた。どうして？

モウグリは、インドのジャングルでオオカミに拾われた男の子。オオカミの両親から愛をそそがれ、また老クマのバールーと黒ヒョウのバギーラにかわいがられ、すくすくと育ちます。

やがて、ジャングルの仲間としてたくましく成長したモウグリ。しかし、宿敵のトラ、シーア・カーンにけしかけられたオオカミたちに「人間だから」という理由でジャングルから追いだされてしまいました。

しかたなく人間の村で暮らしはじめたモウグリでしたが、うまく馴染むことができません。そして、今度は「オオカミだから」という理由で村を追われることになります。

オオカミとしての揺るぎない誇りと、胸の内にわき上がる人間への愛惜。身を引き裂くような葛藤を抱えながら、モウグリは再びジャングルで生きることに。その肉体は大自然そのもののように猛々《たけだけ》しく躍動し、心は自由を求めてさまよいます。

シーア・カーンとの勝負、村人との攻防、赤犬との戦い……幾多の冒険をへたモウグリが見いだした、自分だけの道とは？

ジャングル・ブック Ⅰ・Ⅱ
作　ラドヤード・キップリング
絵　中村悦子
訳　金原瑞人
1990年　偕成社

ぼくは
いったい
何者か？

ジャングルブック
THE JUNGLE BOOK
キップリング作／金原瑞人訳
II
ジャングル・ブック II
完訳版
偕成社文庫
3174
ジャングル・ブック I
完訳版
偕成社文庫
3173
ジャングルブック
THE JUNGLE BOOK
キップリング作／金原瑞人訳
I
ジャングル・ブック I
完訳版
偕成社文庫
3173
ジャングル・ブック II
完訳版
偕成社文庫
3174

溶けた風は、空っぽの僕を楽器にしてひびきわたる。氷も動物もくらやみも、僕も、全部が溶けてひびきわたる。

「僕」はひとり、北極を歩いています。道具や食料をのせたソリを引き、氷の世界を一歩ずつ。

日が暮れると、疲れた体を引きずるようにして寝床をこしらえます。そしてようやく寝袋にくるまった夢うつつのひととき、「僕」は、空を舞う風になるのでした。

今日出会ったホッキョクグマも、そのクマに食べられたアザラシも。寒さに耐えていたジャコウウシもライチョウも。すべての命が風となって夜のしじまを吹き渡り、「僕」のなかでこだまする——。

220

風は、
わたしたちの
故郷

果たして命はどこから来て、どこへ帰ってゆくのでしょう。生と死、自と他、過去と未来。あらゆる境界があやふやな、あるいは、境界などはなから存在しない極限の地で、「生きる」とはいったい何を意味するのでしょう。

生きるものは、いずれ必ず死を迎えます。その肉体は塵《ちり》となって風に舞い、別の命の一部となるのでしょうか？　孤独な冒険をつづける「僕」は、頬をはたく風のなかに、命のことわりを見ています。

PIHOTEK《ピヒュッティ》
北極を風と歩く
文　荻田泰永
絵　井上奈奈
2022年　講談社

たかい　やまに　つもった　ゆきが　とけて　ながれます。
やまに　ふった　あめも　ながれます。

たかい　やまに　つもった　ゆきが
とけて　ながれます。
やまに　ふった　あめも　ながれます。
みんな　あつまってきて、ちいさい
ながれを　つくります。

かわは　けわしい　がけの　あいだを
ながれます。あわを　たて、しぶきを
あげ、うずを　まき、おとをたてて
ながれます。
はげしい　みずの　いきおいで、
ごつごつした　いわも　だんだん　まるく
なります。おしながされて　くだけます。
ぶつかりあって　ちいさな　いしころに
なってしまいます。
つりはし
まちの
じょうすいじょうへ
おくる　みずの
とりいれぐち

山に降る雪や雨が集まって、小さな流れができます。それが滝となって落ち、谷川となってくだり、堰《せ》き止められてダムになる。ダムから放流された水はしぶきを上げて渦を巻き、渓谷をどうどうと進み、やがて広い平野へそそぎます。

ゆるやかになった川は、田畑を潤しながら人里を流れます。川辺には、魚釣りをする人や舟遊びに興じる子どもたちの姿も。次第に幅を広げ、町のなかをゆうゆうと流れる川。岸に憩う老若男女を楽しませ、大きな橋をいくつもくぐります。工場や倉庫のひしめく港を抜けたら……そこは見渡すかぎりの海！

画面いっぱいに描かれた川を、山のてっ

川は海へ、
海は
世界へ

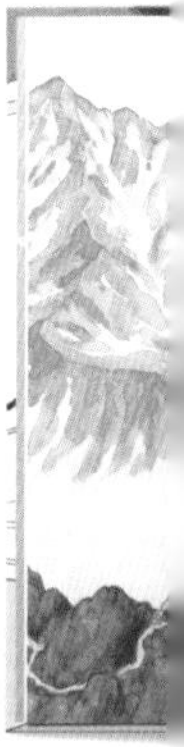

ぺんから海まで、指先でなぞってみてください。あなたの町を流れる川も、こんな長い旅路の途中にあるのです。

1本の川の冒険が、わたしたちに気づかせてくれます。自然はひとつながりであること、人の営みは自然の一部であること。そして、広い世界へとつづく路《みち》が、いつでも、誰にでも、開かれていることを。

かわ
作・絵　加古里子
1962年　福音館書店

六根清浄《ろっこんしょうじょう》　六根清浄
水はみどろの　おん宮の
むかしの泉　むかしの泉
千年つづけて　浄《きよ》めたてまつる

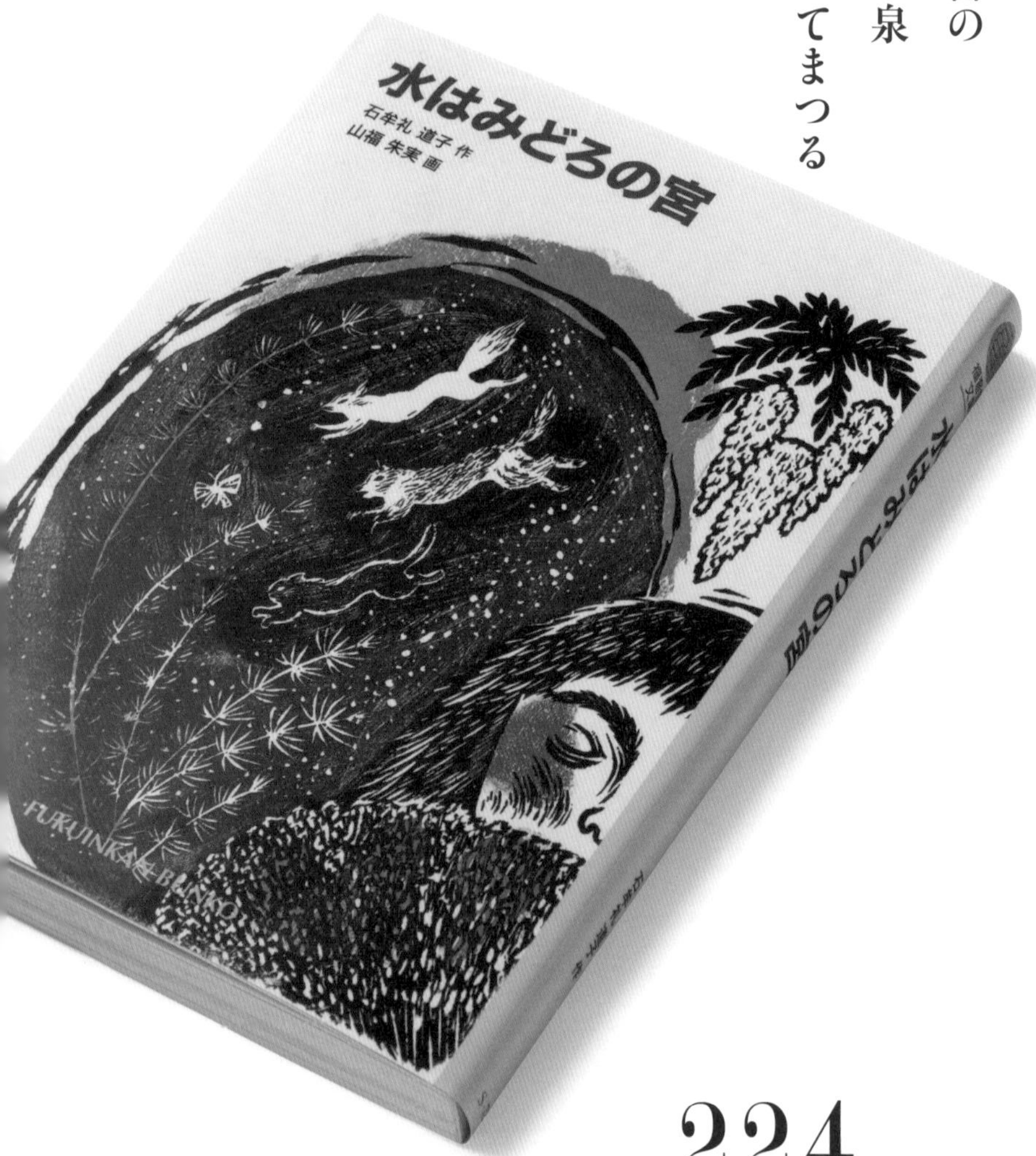

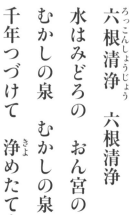

水のささやき、聞こえますか？

7つになるお葉《よう》は、渡し守の千松爺《せんまつじい》とふたり、阿蘇の山あいの村につましく暮らしています。マツタケが採れたら山に向かって頭を下げ、山の奥へ入るときは魚をあぶって差し上げる。ふたりの生活は、自然とともに、神さまとともにありました。

あるとき、山犬らんに導かれるようにして山のふところへ入ったお葉は、苔色の湖を見ます。紅葉がはらはらと散る時分、この湖の底では、千年狐の「ごんの守《かみ》」が、山のため、川のため、ひいては人間のためにお浄めをするのだとか。散り沈んだ木の葉や生きものの死骸など、溜まった濁りをたったひとりでさらえるのです。

ごんの守に見初められたお葉は、お浄めのため、ごんの守とともに湖の底におこもりをすることになり――。

これは、原初の昔と今とがひとつづきだったころの物語です。人が己の小ささを謙虚に受け入れ、人ならざるものの声に耳をすませていた時代。そこでは、神の働きも自然の荒ぶりも人の暮らしも、すべてが欠くことのできない糸となって、世界という1枚の布を織り上げています。

水はみどろの宮

作　石牟礼道子

画　山福朱実

2016年　福音館書店

時間は、ほんとうにじぶんのものであるあいだだけ、生きた時間でいられるのだよ。

今は廃墟となった町外れの円形劇場に、いつのまにか住みついた女の子がいました。名前はモモ。くしゃくしゃの巻き毛に、だぶだぶの上衣《うわぎ》。ちょっと風変わりなモモでしたが、町の人々と仲よくやっていました。

モモには「話を聞く」という素晴らしい才能がありました。モモに話を聞いてもらうだけで、なぜだか「おれはおれなりに、この世の中でたいせつな存在なんだ」と思えるのです。だから、人々はこぞってモモに会いにきました。

ところが、時間貯蓄銀行の「灰色の男たち」が現れたことで、町の様子が一変します。誰もが効率ばかりを気にして、時間をケチケチするようになり、モモに会いにくる暇などなくなってしまいました。そうやって節約した時間を、まんまと盗まれているとも知らず……。

狡猾《こうかつ》な時間泥棒からみんなの時間を取り戻すため、モモが立ち上がります。時間とは何か、豊かさとは何か。答えのない問いを突きつけるこの物語は、今、わたしたちの身に起きていることだったりして?

モモ

作　ミヒャエル・エンデ
訳　大島かおり
1976年　岩波書店

自分の時間を生きるということ

Sense of Adventure

10

ぼうけんは、たのしくなくちゃ

ぼくの
青い目、
好き？

おもしろいことを　してみよう。
なんにもなくても、　げんきでいなくちゃいけないもの。

あおい目のこねこ

作・絵　エゴン・マチーセン
訳　瀬田貞二
1965年　福音館書店

とちゅうでこねこは、はえを一ぴき
つかまえました。はえ一ぴきでも、
なんにもたべないよりは、ましでした。

青い目をしたこねこがいました。お腹はぺこぺこだけど、元気いっぱい。魚に笑われても、黄色い目のねこたちにつれなくされても、へっちゃらです。「なーに、こんなこと、なんでもないや」といって、先を急ぐだけ。こねこには「ねずみのくに」を見つけるという目的があって、そのことで頭がいっぱいなんです。

　それにしても、みんながこねこに冷たくするのはなぜでしょう。それは、こねこの青い目があんまりめずらしくて、気に入ら

そういわれて、こねこは、いけにいって、
水《みず》にかおをうつしてみました。
青《あお》い目《め》はきれいだし、
かおもへんてこではありません。

なかったから。あるときそれを知ったこねこは、池へ行って、水面に自分の顔を映してみました。すると……青い目は、とてもきれいでした！

ぼくはどうしてみんなと違うのか――そんなふうにむずかしく考えるより前に、こねこはいつも物事の明るいほうを見て、おもしろいことを探そうとします。だから、誰かをうらやむことも、自分を卑下することもありません。そのさっぱりとした心のありようは、雲ひとつない、すこーんと抜けた青空みたい。

そんなこねこが、ある日、ひょんなことから大冒険をして、ずっと探していた「ねずみのくに」を発見します。ねこたちをあこがれの地へと導いたこねこは、一目置かれる存在に。今じゃみんな、こねこの青い目を「とってもすてきで、きれいだなあ」と思っているんですって。

「では　みなのもの！」
マックスは　おおごえを　はりあげた。
「かいじゅうおどりを　はじめよう！」

ある晩、いたずらっ子マックスは、オオカミの着ぐるみ姿で大暴れ。お母さんに「この かいじゅう！」と叱られて、寝室に放りこまれます。

　すると、にょきりと木が生え、ざぶりと波が打ち寄せて、大きな船が現れました。

　航海した先の陸地でマックスを出迎えたのは、かいじゅうたちです。目玉をぎょろぎょろさせて、爪をむきだし、うおーっと吠えるかいじゅうたちを、マックスは「しずかに しろ！」と怒鳴りつけました。家では叱られていたマックスも、ここじゃあ、叱るほうの役まわりなんですね。

　さらに「かいじゅうならし」の魔法を使って王さまに就任したマックスは、かいじゅうたちを従えて踊り明かします。でも、さんざん踊ってくたびれると、だんだんさびしくなってきて……。

　永遠のような刹那のような時間のなかで、くるくると変化するマックスの表情に注目してみて。思いきり笑ったり、腹を立てたり、雄叫《おたけ》びを上げたり。その表情が語っています。冒険って、やりたいことをぜーんぶやっちゃうことでしょ!?

かいじゅうたちのいるところ

作　モーリス・センダック
訳　神宮輝夫
1975年　冨山房

センダック
かいじゅうたちのいるところ
冨山房
かいじゅうたちのいるところ
モーリス・センダック さく　じんぐうてるお やく

ひゃっほう、
あのしまを　たんけんして　みようぜ、あいぼう！

「そのドレス、とっても
おにあいですよ」
ようふくやさんに　なった
チーズちゃんが、すすめます。
「そうねえ、こんやは
ムッシュ・ネコさんと
でかけるのよ。ネコさんは、
あかが　すきだから、
これに　しようかしら」
おきゃくさんに　なった
ポプリちゃんが　いいました。
「ネコさんと、どちらに
おでかけなんですか？」
「レストラン・チーズでい よ」

おへやだいぼうけん

作・絵　ほりかわりまこ
2009年　教育画劇

234

今日は雨。退屈しているチーズちゃんのもとへ、仲よしのポプリちゃんが遊びにきました。「あーら、ポプリさま　いらっしゃいませ」とお出迎えするチーズちゃん。ポプリちゃんがおうちにあがるや、ふたりの遊びのはじまりです。

まずは玄関で洋服屋さんごっこ、それからダイニングでレストランごっこ。リビングで空飛ぶじゅうたんを楽しんだら、お次はお風呂の海をヘリコプターで渡ります。クローゼットでは洋服を掻き分け掻き分け、どうやらジャングルを探検中の模様。ふたりなら、どんなお部屋も冒険のワンシーン

ドアの
向こうへ
出発だ

MONSIEUR, CHEESE & POT-POURRI
「したに　みえるのは、おふろうみだよ」
「ひゃっほう、あのしまを　たんけんして　みようぜ、あいぼう！」
「そうしよう、こうどを　さげるよ、つかまって！」

になってしまうのでした。

そうそう、ねこのムッシュも冒険にひと役買っていて、あるときはレストランの客、またあるときはお宝を待つ「ニャーキング」に早変わり。気の合う相棒とイマジネーションさえあれば、冒険はこんなにも自由です！

たかが「ごっこ遊び」と侮るなかれ。自分たちだけの世界を築き、どっぷりと没入する。あの高揚感は、心の膨張率を高める一生ものの体験です。

おへや
だいぼうけん
ほりかわりまこ

ほんとに、つきのせかいは　びっくりだらけ！

元気いっぱいの女の子カロリーヌは、博士のつくったロケットで月へ行くことになりました。月旅行のおともは、こげちゃのユピー、くまのブム、ひょうのピトーをはじめ、8匹の仲間たちです。

轟音《ごうおん》とともに宇宙へ飛び立った一行は、カロリーヌの見事な操縦で月面着陸に成功。宇宙服を着こんでロケットを降りたら、さてさて、何をはじめるのでしょう？

まずはテニスラケットを手に、流れ星をポーンと打ち返します。ひとしきり体を動かしたら、それぞれの任務を開始。カロリーヌはりんごの木を植えて、しろくろボビーは絵を描いて、らいおんキッドは石集め。おや、くろねこノワローはねずみとりをしかけているみたいです。

カロリーヌと8匹の月旅行は、とにかく愉快。あれやこれやとやかましいことをいう大人はいっさいでてこなくて、みんな、のびのびと冒険を満喫します。心ときめく挑戦と、ちょっとしたスリルと、気の置けない仲間たち。そう、楽しいって、こういうこと！

カロリーヌ つきへ いく
作　ピエール・プロブスト
訳　山下明生
1998年　BL出版

236

月に
着いたら、
何したい？

あたしたちは、自由の国に住んでるんでしょ？
好きなように歩いちゃいけないっていうの？

そばかすだらけの顔に、ぴんと立ったニンジン色のおさげ髪。つぎあてのついたワンピースに、左右で色の違う長い靴下。こんなへんてこな女の子を見かけたら、間違いなくピッピ・ナガクツシタです。

ピッピは、馬1頭を持ち上げられるくらいの、世界一強い女の子。まだ9歳だけど、町外れの「ごたごた荘」でひとり暮らしをしています。

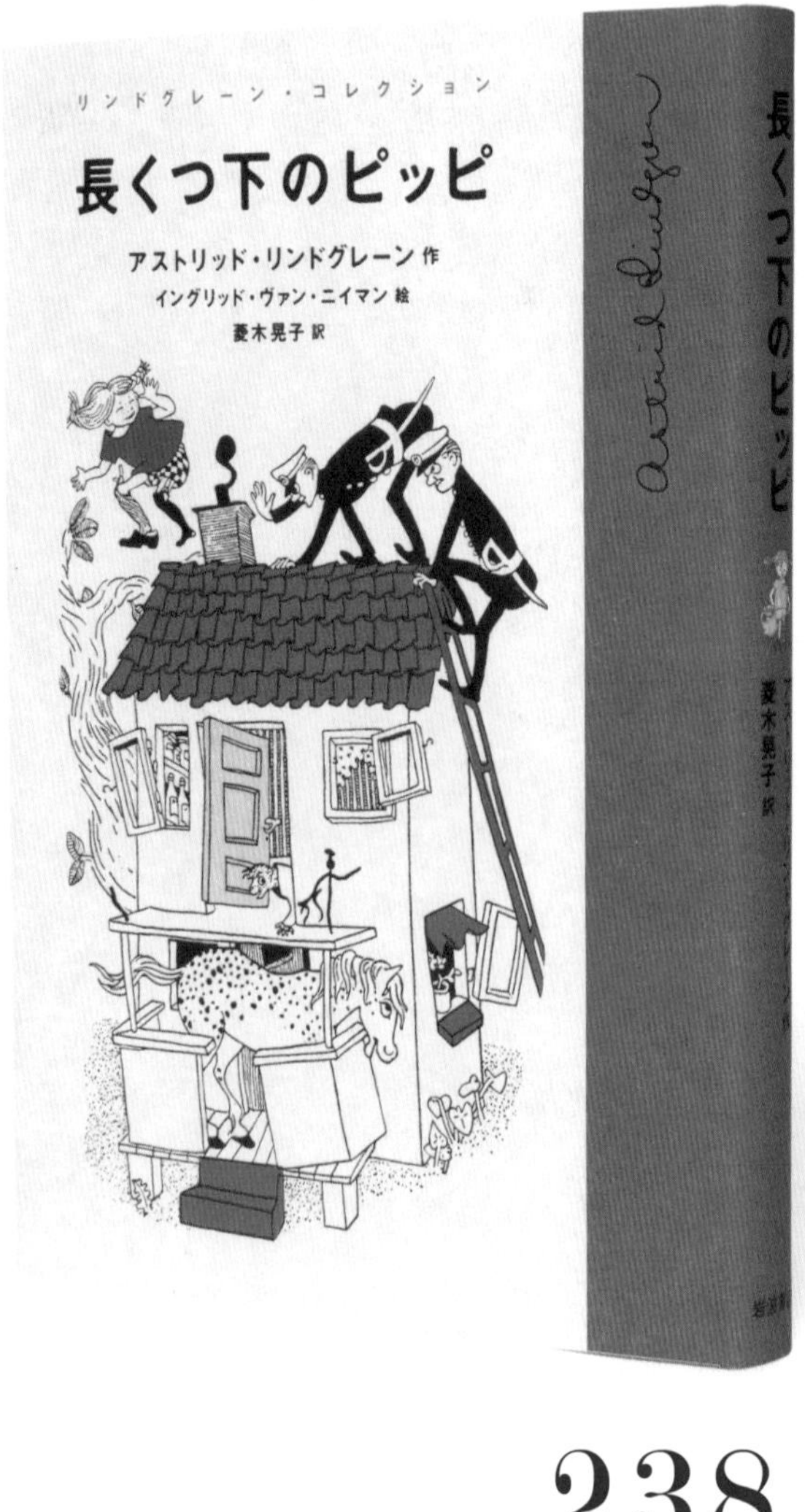

238

今日も
ごたごた
遊んじゃお

おまわりさんと鬼ごっこしたり、サーカスで大暴れしたり、ご婦人がたのパーティーを引っかきまわしたり。ピッピの行くところ行くところ、いつだって冒険の渦が巻き起こります。大人たちはピッピのハチャメチャぶりに顔をしかめますが、子どもたちは、そこにピッピがいるだけで、わくわくが止まりません！

　ママは天国にいて、船乗りのパパは行方知れず（今のところは、ですけどね）。そんなピッピを保護しようと、大人たちは躍起です。でも、ピッピのほうじゃ、大人の理屈なんてどこ吹く風。ちゃんとピッピなりの理屈があって、今、ここに、自分の力で生きてるってことを、めいっぱい楽しんでいます。

長くつ下のピッピ

作　アストリッド・リンドグレーン
絵　イングリッド・ヴァン・ニイマン
訳　菱木晃子
2018年　岩波書店

ガンといっしょに、スウェーデンじゅうをとおって、ラプランドまでも旅行ができたら、どんなにおもしろいことが聞けるだろう。

　ガチョウ番の少年ニルスは、怠け者で、家の牛やニワトリたちにもいたずらばかり。そんなニルスが、妖精トムテに小人にされるところから、物語ははじまります。

　小さくなったニルスは、空飛ぶガチョウのモルテンの背に乗って、ガンの群れとともに旅をすることになりました。北へ向かって風を切りながら、スウェーデンの大地を見下ろすニルス。緑の森、光る湖、フィヨルドの海岸が眼下を過ぎていきます。

　冒険の途中、山を削る製鉄所や森を刈る製材所が見えました。また、棲処《すみか》を追われたクマや水鳥たちの悲しみにもふれました。鳥の目で世界を俯瞰《ふかん》したニルスは、そのいびつな現状を目のあたりにします。

　とはいえ、ちっぽけなニルスは、動物たちの助けがなければ生きることすらままなりません。だからこそ、誰かを助けたいという気持ちがニルスのなかにもわいてきて、小さくなった体とは裏腹に、心は大きく成長していくのでした。

　生きとし生けるものへの愛を湛《たた》え、すっかり頼もしくなったニルス。彼はいつか、人間に戻ることができるでしょうか？

ニルスのふしぎな旅 1〜4

作　セルマ・ラーゲルレーヴ

絵　ベルティル・リュベック

訳　香川鉄蔵　香川節

1982年　偕成社

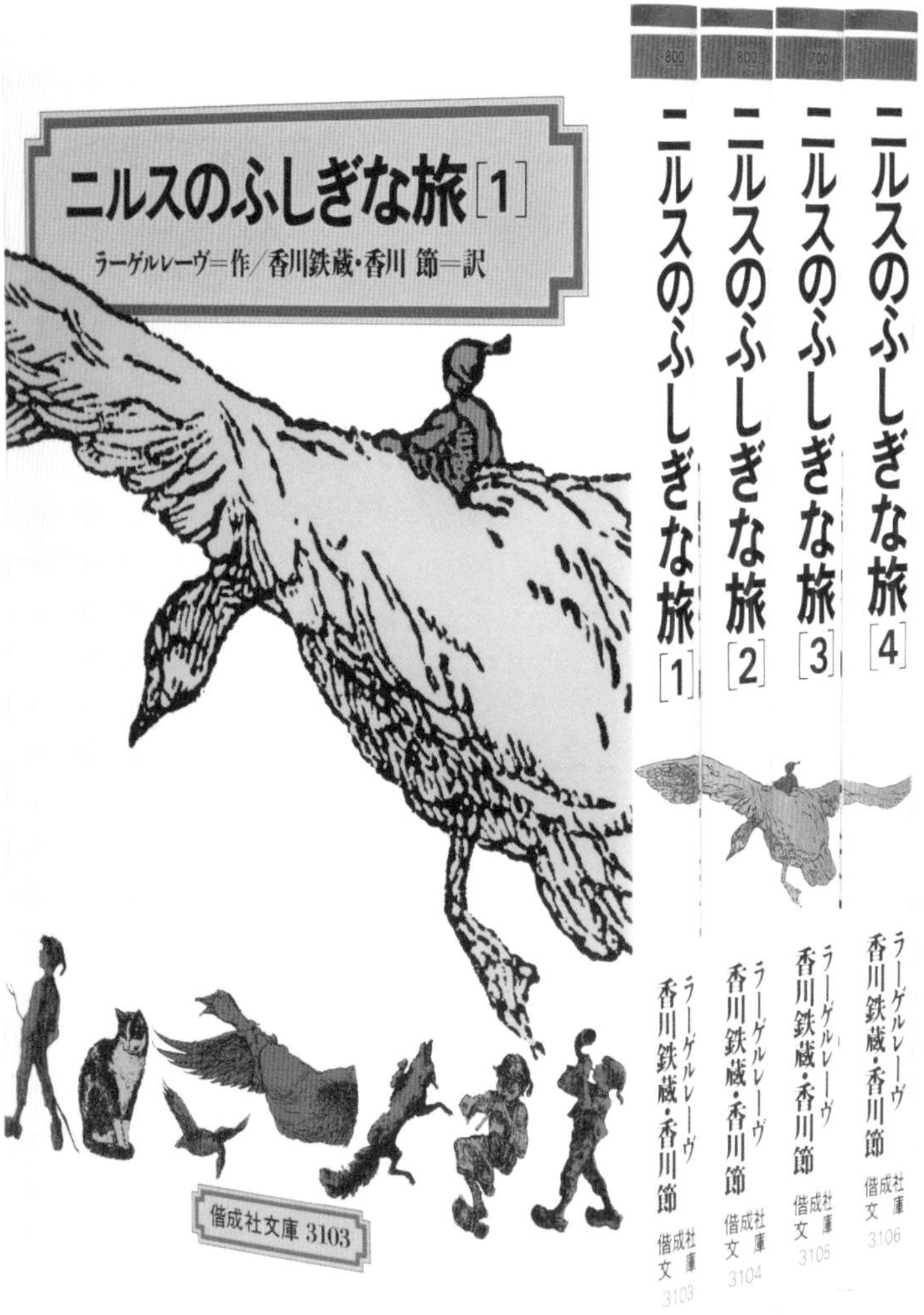
ニルスのふしぎな旅［1］
ラーゲルレーヴ＝作／香川鉄蔵・香川 節＝訳
偕成社文庫 3103
ニルスのふしぎな旅［1］
ラーゲルレーヴ
香川鉄蔵・香川節
偕成社文庫
3103
ニルスのふしぎな旅［2］
ラーゲルレーヴ
香川鉄蔵・香川節
偕成社文庫
3104
ニルスのふしぎな旅［3］
ラーゲルレーヴ
香川鉄蔵・香川節
偕成社文庫
3105
ニルスのふしぎな旅［4］
ラーゲルレーヴ
香川鉄蔵・香川節
偕成社文庫
3106

これですこし　ねこにちかづいたかな

つぎに　あの死にそうな赤ちゃんのねこをひきとってくれた　おねえさんねこのところに行きました。
こねこは元気いっぱいで　2ひきはとてもしあわせそうでした。
ニャンコも　しあわせなきもちになりました。
88
大きな旅のねこは　また旅にでるようです。
「あれ？　いぬが前の大きさにもどってる！！」
89

242

せかいいちのねこ

絵・文　ヒグチユウコ

2015年　白泉社

しあわせって、不安な気持ちと表裏一体なのかもしれません。ぬいぐるみの「ニャンコ」も、心に芽生えた不安をどうしたらいいのかわからずにいました。おうちの男の子に大事にされて、とってもしあわせなはずなのに、男の子に飽きられてしまうのではないかと心配でしかたないのです。

　ねこのヒゲを集めれば、本物のねこに近づける——そう聞いたニャンコは「ヒゲ集め」の冒険にでかけることにしました。本

ニャンコは
ニャンコの
ままでいい

物のねこになれば、今よりもっと愛されて「せかいいちのねこ」になれる⁉

　帽子で顔を隠したねこ、食いしんぼうな本屋ねこ、犬を連れた放浪ねこ……ニャンコは旅先で、いろんなねこに出会います。どのねこも、どこかミステリアスで、ものすごくマイペース（ねこですしね）。そんな個性際立つねこたちと交流するうち、「ニャンコらしさ」もまた、だんだんと輪郭をあらわしていくのでした。

　なりたい自分になかなかなれない。そのやるせなさ、痛いほどわかりますよね。でも、やるせないからこそ、ニャンコは底抜けにやさしいんです。だからきっと、大丈夫！　ニャンコらしさが、ニャンコ自身の冒険を、うれしいほうへ、あったかいほうへといざないます。

ピーターの体は机にむかったままじっとしていましたが、頭は勝手に好きなところへ遊びにいってしまいました。

「きみはむつかしい子どもだね」――10歳のピーターは、大人たちからよくそういわれます。大人たちがそんなふうにいうのは、彼があんまり無口で、ひとりでいることが多かったからでした。

　では、ピーターはひとりで何をしていたのでしょう？　答えは至ってシンプルです。彼は「空想」していました。実をいうと、ひとりのときだけじゃありません。バスに揺られているときも、学校で授業を受けているときも、ピーターの体はそこにじっとしていながら、頭は好き放題に遊んでいたのです。そんな彼の頭のなかの冒険、ちょっとのぞいてみましょうか――。

　例えば、ピーターは老ネコのウィリアムと体を交換したことがあります。ネコの喉もとの小さな骨を引っぱると、ジッパーのように皮膚がさけ、光の波のような魂がはいだしてきたのです。ピーターのほうも自分の体を脱いで、ネコの体に入りました。ネコになったピーターは、隣家の生意気な黒ネコとのケンカに圧勝しました。

　ピーターの空想はこんなふうに荒唐無稽ではありますが、完全なる妄想というわけでもなく、ときおりパチンと現実世界と接続します。いじめっ子のバリー（ただし、家ではいい子）の件も、そうでした。

　そのころピーターは、この世界はすべて夢なんじゃないか、という問題について考えて

夢みるピーターの七つの冒険

著　イアン・マキューアン

絵　金子恵

訳　真野泰

2023年　中央公論新社

いました。だとしたら、バリーの存在もまた自分の夢にすぎず、バリーをいじめっ子にしているのは自分のほう……。

そう空想したピーターの言動が、バリーを「いじめっ子」という呪縛から解き放ちます。

起きていながら、夢をみている。そんなピーターの冒険は、かなりへんてこりんです。だけど、空想と現実が接続するたび、この世界も捨てたもんじゃないと思える、きらりときらめく瞬間が訪れます。

それにしても、頭のなかで冒険できてしまうとは、人間って、なんて不可思議な生きものでしょう。現代英文学の巨匠マキューアンがはじめて子どものために書いた物語は、慌ただしい日々のなかで忘れがちなものを思いださせてくれます。それは、人間を人間たらしめる力。わたしたちに想像力があってよかった！

それはただの島ではなかった。
それこそ、四人を待っている島だった。

ツバメ号とアマゾン号　上・下

作　アーサー・ランサム

訳　神宮輝夫

2010年　岩波書店

ジョン、スーザン、ティティ、ロジャの4きょうだいは、大きな湖のほとりで夏休みを過ごしています。その湖には、無人島がありました。

岬の上から見た瞬間、4人はその島の虜《とりこ》になります。もうベッドで眠るようなのんびりした生活など、できそうにありません。あの島まで航海して、キャンプをして暮らそう、そう決めました。

　4人が乗りこむのは、小さな帆船「ツバメ号」です。テントや毛布、それからたっぷりの食糧をつみこんで、突堤でハンカチをふるお母さん（これまた冒険好きの、とっても素敵な人なんです）に別れを告げたら、いざ出帆！

　岬を離れると、湖はこれまでになく大きく感じられました。湖上には遊覧船やモーターボートもありますが、そういうものは、ないことにすればいいんです。そんなわけで、ツバメ号は無人の大海を進み、島に到着しました。

　島での生活は、それはもう、心躍るものでした。探検したり、釣りをしたり、石のかまどで調理した熱々のスクランブルエッグをほおばったり。水郷の豊かな自然のなかで、4人はのびやかに過ごします。

　ところが、ある日、海賊旗を掲げた小帆船「アマゾン号」が島に急接近！　船には、ふたりの少女が乗っていました。一触即発のツバメ号とアマゾン号。でも、両者には共通の敵がいるとわかり、同盟を結ぶことになるのですが――。

　4人の冒険は、海賊ごっこや戦争ごっこがハイライトですし、また『宝島』や『ロビンソン・クルーソー』といった冒険小説へのあこがれもはらんでいます。そんな非日常の妙味をたっぷり含んでおきながら、一方で、普段は「原住民」と呼んでいる大人たちからの差し入れをちゃっかり受け取ったりもします。冒険と日常をそのときどきでうまく配分することで、4人は自分たちの世界を守り、堪能しているのです。

　それって、子どものころは無意識にできたのに、大人になると苦手になることかもしれません。次の休暇はひとつ、冒険多め、で過ごしてみてはいかが？

エルマーは、りゅうのせなかにすわって、なみの上をはねながらとんでいくような、じぶんたちのかげをみおろしていました。

エルマーの冒険は、すぐそこの街角で、1匹の老ねこに出会ったことからはじまりました。そのねこは、かつてかなりの旅行家だったそうで、「とべるんなら、なんでもするよ」と空へのあこがれを語るエルマーに、こんな話を聞かせてくれました。

海の向こうの「どうぶつ島」というところに、りゅうの子どもが囚われているとか。そのかわいそうなりゅうを島から救いだしてやれば、きっと背中に乗せて飛んでくれるだろう、というのです。

これを聞いたエルマーは、冒険を決意します。飛びたい気持ちもあったでしょうけど、りゅうを助けたいという思いやりの気持ちもあったに違いありません。

荷物をつめこんだリュックを背負い、港へ向かうエルマー。船に揺られること6日6晩、波間の岩々を飛び越えること7時間。夢中で旅をつづけたエルマーは、やっとのことでどうぶつ島に到着しました。

島でエルマーを待っていたのは、恐ろしい猛獣たちです。だけど、エルマーは彼らと対立したりしません。食い意地のはったトラにはチューインガムを、ぼさぼさ頭のライオンにはブラシを渡し、ユニークなアイデアで危機をひらりとかわします。そう、

エルマーのぼうけん
エルマーとりゅう
エルマーと16ぴきのりゅう

作　ルース・スタイルス・ガネット
絵　ルース・クリスマン・ガネット
訳　渡辺茂男
1963、1964、1965年　福音館書店

りゅうの
背に乗って
冒険の旅へ

さあ、いそいでおくれよ！　みんながどうしてるか、ぼく、はやくしりたいから。」

エルマーは、ほらあなの中にはいると、かいちゅうでんとうをつけて、しめったかべをてらしながらすすみました。てんじょうは、エルマーのせよりたかいので、らくにあるくことができました。ほらあなは、だんだんくだりみちになりました。いくどか、まがりくねり、すこしひろくなったばしょをとおると、また、ほらあなはせまくなり、とうとうまえに、りゅうのボリスがつかえてうごけなくなったところまできました。

すると、しゃりしゃり、がりがりと、おとがきこえてきました。ちかくに、りゅうのかぞくがいるにちがいありません。

「ぼくのなまえは、エルマー・エレベーターです。ボリスのともだちですよ。」

エルマーは、できるだけゆうきをだして、小さなこえでいいました。

「だれだって？」

「エルマー・エレベーターです。ボリスのともだちですよ。ボリスは、ほらあなの小さないりぐちでまっています。ぼくが、みなさんをたすけにきたのです。」

エルマーには武器などいらないのです。

そうして、ついに、黄色と空色のしま模様をしたうつくしいりゅうのもとへ。りゅうを助けだしたエルマーは、その背に乗って、空を飛んだのでした。

見事な救出劇を成しとげたエルマーですが、彼はごく普通の男の子です。大海原で嵐にあったときには、泣きべそだってかきました。でも、かっこわるくたっていいんです。大事なのは、困っている誰かの力になること。どうぶつ島をでたあとも、病気のカナリヤを救ったり、人間につかまったりゅうの家族を助けたり、エルマーとりゅうは大活躍をつづけました。

でも、ふたりの冒険は、誰も知らない秘密です。なぜなら、人間たちがりゅうのことを誤解しているから。そもそも、心やさしいりゅうが人間から隠れて暮らしているのはどうしてでしょう？　りゅうの口から明かされる真実に、人間の愚かさについて考えさせられます。

勇気をふるい、知恵をしぼり、とびきり楽しい冒険をしたエルマーは、英雄よりもうんと身近で、勇者と呼ぶには等身大。彼は、すべての冒険者の永遠の友達です！

あとがき

ちょうど2年ほど前のことです。何十年ぶりかで、思いがけずエルマー・エレベーター氏に会いました。前に会ったとき、わたしはまだほんの子どもで、彼のことを頼もしいお兄さんのように思ったものです。リュックひとつで未開の地へ乗りこむほどタフで、猛獣に遭遇しても顔色ひとつ変えず、幻のりゅうを見事に救った彼は、世界に名を馳せた冒険者でしたから。

ひさびさに会ったエルマー氏は、さすがにもう「お兄さん」という感じはしませんでしたが、あのころと変わらぬ涼やかな目をしていました。気さくで、気負いがなくて、親切なところは昔のまんま。思い出話に花が咲くと、「何もかもうまくいったわけじゃない。嵐でにっちもさっちも

いかなくなったときは、泣きべそかいたしね」とか、「トラやライオンが怖くないわけないじゃないか。だから、闘わなくてすむ方法を探したのさ」とか、冒険のこぼれ話を聞かせてくれました。

おそらく前にも同じ話を聞いたのでしょうけど、かつてのわたしはエルマー氏の強さに魅了され、今のわたしは彼の弱さ、もっといえば、弱さとともにあろうとする姿に惹かれた、ということなのだと思います。

ともあれ、エルマー氏の冒険譚は以前にも増しておもしろく、わたしはぐいぐいと引きこまれていきました。彼の話はなぜこんなにも色褪《あ》せることなく、わたしたちを虜にするのでしょう？　気づけば、わたしは大人という着ぐるみをするりと脱いで、彼にはじめて出会ったころのような小さな人になっていました——。

さて、件《くだん》のエルマー・エレベーターとは、幼年童話の金字塔『エルマーのぼうけん』の主人公です。２０２３年の夏、東京・立川のPLAY! MUSEUMにて「エルマーのぼうけん」展がはじまりました。エルマーと再会したのは、その図録を編集するにあたり、シリーズ３冊を読み返したときのことでした。同時に作者のルース・スタイルス・ガネットさ

んの来し方も知ることとなり、その屹立《きつりつ》した、けれどしなやかな生きかたに心を打たれました。

その「エルマーのぼうけん」展の構成要素のひとつに、「ぼうけん図書館」がありました。冒険にまつわる本を何百冊と集めた空間で、小説、童話、絵本、漫画、図鑑、旅行記、写真集……さまざまなジャンルの本が並びました。体を動かす冒険、頭で考える冒険、荒野の冒険、異界の冒険……さまざまな冒険がありました。それらの本を眺めていると、いついかなる時代も人々を駆り立ててきた「冒険」というものの不可思議な力、その熱さと切実さを思わずにはいられませんでした。

この「ぼうけん図書館」から着想を得て生まれたのが、本書『ぼうけん図書館』です。エルマーと一緒に楽しめそうな絵本や童話から１００の冒険物語を選び、紹介しています。「すぐそこに」「むちゅう」「ぶきなどいらない」といった10の章立てもまた、エルマーの物語に由来します。

物語の感じかたは読み手ひとりひとりの自由であることはいわずもがなですが、ブックガイドのひとつとして、あるいは眠ってしまった冒険心をツンツンと呼び覚ます気つけ薬として、お楽しみいただけたなら幸いです。

そうそう、『エルマーのぼうけん』がこうもおもしろいのはなぜなのか、を考えていたんでした。それは、エルマーが「自分だけの世界」を持っているから、とはいえないでしょうか？　彼の世界はちっとも完璧じゃありませんし、いいことばかりでもありません。それでもやっぱり、エルマーは自分だけの世界を築いていて、自分だけの視座から物事を見ています。

これこそ、冒険者が手にすることのできる宝なのかもしれません。「ふーん、冒険者になれるような人はいいよね」――なんてつぶやいてしまいそうですが、先人たちが紡いできた物語の数々にふれたなら、そうもいっていられません。どの冒険物語もやさしく（ときどききびしく）語りかけてきます。小さなあの子も、大きなあの子も、それから人見知りで出不精なわたしも、すべての人がそれぞれのやりかたでエルマーになれるんだよ、と。

永岡綾

永岡 綾（ながおか・あや）

編集者、ときどき製本家。著書に『週末でつくる紙文具』（グラフィック社）、編著書に『本をつくる—職人が手でつくる谷川俊太郎詩集』（河出書房新社）。編集の仕事に『エルマーのぼうけん展』『谷川俊太郎 絵本★百貨典』『クマのプーさん展公式図録 百町森のうた』『アーノルド・ローベルの全仕事』（すべてブルーシープ）などがある。

凡例

・本書は、2023年7月にPLAY! MUSEUMでスタートした巡回展「エルマーのぼうけん」にて、100人の選者が冒険にまつわる本を紹介した「ぼうけん図書館」に着想を得た。
・本書ではジャンルを絵本および児童文学にしぼり、永岡綾が選書し、紹介文を執筆した。
・書誌情報は2024年3月現在のものである。

謝辞

本書で紹介する100冊の書籍をつくられた作者のみなさま、出版社のみなさまに敬意を表するとともに、掲載に関わるご協力に心より感謝申し上げます。そして、冒険を愛するエルマー・エレベーターと、イラストレーションの使用を快諾くださったDragon Trilogy Irrevocable Trustのみなさまに御礼申し上げます。

ぼうけん図書館

エルマーとゆく100冊の冒険

2024年4月24日　初版第1刷発行

編著　永岡 綾

ブックデザイン — 有山達也
イラストレーション — ルース・クリスマン・ガネット
©Dragon Trilogy Irrevocable Trust
書籍撮影 — 野村知也
編集補佐 — 岸田安見、大内花梨（ブルーシープ）
印刷・製本 — シナノパブリッシングプレス

発行人 — 草刈大介
発行 — ブルーシープ株式会社
〒180-0004　東京都武蔵野市吉祥寺本町2-28-5
Tel.0422-27-5206　Fax.0422-27-5207
http://bluesheep.jp　info@bluesheep.jp

ISBN 978-4-908356-56-8　C0095